장로회신학대학교 구약성경공부 교재 24

# 예레미야

## (학습자용)

박동현 · 장신근 · 이하준 지음

장로회신학대학교출판부

2012

장로회신학대학교 구약성경공부 교재 24 (학습자용)

# 예레미야



초판 인쇄 / 2012년 2월 15일
초판 발행 / 2012년 2월 25일

지은이 / 박동현 · 장신근 · 이하준
발행인 / 장영일
펴낸곳 / 장로회신학대학교출판부
등록 / 제4-33호
주소 / 143-756 서울시 광진구 샘말길 23(광장동 353)
전화 / (02) 450-0795
팩스 / (02) 450-0797
E-mail / ptpress@pcts.ac.kr

ISBN / 978-89-7369-283-5 94230
ISBN / 978-89-7369-202-6 (세트)
값 9,000원

# 예레미야

(학습자용)

PCTS Old Testament Bible Study: Volume 24

# Jeremiah

## Student Edition

Park, Dong Hyun · Jang, Shin Geun · Lee, Ha Joon

Presbyterian College and Theological Seminary Press

# 발간사

성경의 소중함과 성경공부의 가치는 아무리 강조해도 지나치지 않을 것입니다. 성경에서 우리는 생명보다 소중한 하나님의 말씀을 들을 수 있을 뿐만 아니라 우리의 참 왕이시며 주인이신 예수님을 만나 뵙고(요 5:39) 삶의 갖가지 역경과 시련 가운데서도 이를 극복할 수 있는 위로와 용기와 지혜를 얻을 수 있기 때문입니다.

20세기의 기적으로 알려진 헬렌 켈러 여사는 독서의 양이나 사상에 있어서도 뛰어난 인물로, 그녀가 삼중고를 극복하고 어둠 속에서 빛을 발하는 승리의 인생을 마감하면서 우리에게 남겨 준 의미 있는 말에 귀를 기울일 필요가 있습니다. "나에게 잃어버린 세계를 되찾게 한 것은 책의 힘입니다. 그 중에서도 내가 가장 애독하는 것은 성경이지요. 나는 어린 소녀 시절부터 언제나 용기와 기쁨을 얻기 위해 성경을 읽었습니다. 나는 하도 많이 읽어서 어떤 곳은 글자(점자)가 문드러져 나갈 정도였습니다. 그것은 내 손가락 끝에서 점자가 닳고 닳았기 때문입니다. 성경은 나의 전 생애의 지침이 되고 위안이 되었습니다. 삼중고를 짊어진 나에게 불굴의 정신을 갖게 한 것은 성경이었습니다. 나는 날마다 성경을 읽을 적마다 기력을 새로 회복하고 포부를 확대해 나갈 수 있었습니다. 그러므로 시간을 내어 성경을 읽고 영을 새롭게 하여야 합니다."

이와 같이 우리에게 삶의 지혜와 명철을 제공해 주는 성경을 그 어느 과목보다도 열심히 공부해야 하는 것은 평생 동안 하나님의 말씀을 선포하고 성경을 가르쳐야 하는 신학도에게 마치 전쟁을 앞두고 군인이 탄환을 충분히 확보해 두는 것과 같고 가뭄에 대비하여 저수지에 수자원을 넉넉히 비축해 두는 것과 비교할 수 있을 것입니다.

우리 장로회신학대학교에서는 이처럼 성경공부의 중요성을 새롭게 인식하여 지난 2007년부터 신학대학원생들이 졸업하기에 앞서 적어도 두 학기 이상 매 학기마다 개설되는 성경공부 과목을 수강할 수 있게 배려하고 있습니다.

이번에 선보이는 『예레미야』 교재도 우리 장로회신학대학교와 대한예수교장로회에 속한 성경공부 전문가들의 노고를 통하여 출간되는데, 아무쪼록 이 교재를 손에 들고 진행하는 성경공부를 통하여 우리 신학도들이 언제 어디서나 성경공부를 자신 있게 이끌 수 있는 노하우를 터득할 수 있게 되기를 기대하며, 그동안 이 교재를 만들기 위해 애써 주신 여러분들께 진심으로 감사를 드립니다.

2012년 2월 15일

장로회신학대학교 총장 장 영 일

# 머리말

장로회신학대학교의 교수님들과 본 교단 현장 목회자들이 협력하여 신 · 구약성경 각각 아홉 번째의 공부 교재를 발간하게 된 것을 기쁘게 생각한다. 본 성경공부 교재는 교역 현장에 보다 직접적인 목회실천적 효용가치가 있는 교육을 실현하기 위해 본 대학교 안에 구성된 교육과정개발위원회의 성경공부교재개발단에서 만들어 내는 교재 시리즈 가운데 하나이다. 본교는 구약성경공부 교재로서 『창세기』(2008.2), 『여호수아 · 사사기』(2008.9), 『이사야』(2009.2), 『시편』(2009.8), 『호세아 · 요엘 · 아모스』(2010.2), 『역대상』(2010.8), 『출애굽기』(2011.2), 『사무엘상 · 사무엘하』(2011.8)를, 또 신약성경공부 교재로서 『마가복음』(2008.2), 『사도행전』(2008.9), 『로마서』(2009.2), 『히브리서』(2009.8), 『갈라디아서(2010.2), 『고린도전서(2010.8), 『데살로니가전서 · 데살로니가후서』(2011.2), 『마태복음』(2011.8)을 발간한 바 있다. 이번에는 아홉 번째로 구약성경공부 교재 24 『예레미야』와 신약성경공부 4 『요한복음』을 발간하게 되었다.

이 교재는 신 · 구약 각기 세 분의 저자들에 의해 집필되었다. 『예레미야』의 공동저자는 본교 구약학 교수인 박동현 교수님, 본교 기독교교육학과 교수인 장신근 교수님, 효자교회 담임목사인 이하준 목사님이고, 『요한복음』의 공동저자는 본교 신약학 교수인 김문경 교수님, 본교 기독교교육학과 교수인 박상진 교수님, 거룩한빛광성교회 담임목사인 정성진 목사님이다. 이 여섯 분의 노고에 깊은 감사의 마음을 전한다.

본 구약성경 교재는 본교의 성경공부 교재 시리즈의 다른 교재들과 마찬가지로 인도자용과 학습자용 두 권으로 이루어져 있으며, 12번에 걸쳐서 공부가 진행되는 12개의 과로 구성되어 있다. 본 교재의 중심은 수업안에 있다. 그러나 수업안과 더불어 악보, 본문, 참고자료, 서식, 풀이(인도자용에만 있음), 수업일지(인도자용에만 있음)라는 6개의 요소들이 학습자를 매우 알찬 성경공부의 길로 안내한다. 본 교재의 성격은 성서주석학적인 이론적 학문성에 있다기보다는 교회 현장에서의 실천적 적용성에 있다.

이번에 발간되는 구약성경공부 교재 24 『예레미야』와 신약성경공부 4 『요한복음』이 신학교에서 공부하는 신학도들로 하여금 교회의 목회실천 현장에서 보다 효율적으로 사역을 수행할 수 있도록 준비하는 데 도움을 주는 성경공부 수업의 교재로 유용하게 사용될 뿐만 아니라, 나아가서 한국 교회의 평신도들을 위한 교회 안에서의 성경공부 교재로 널리 사용됨으로써 한국 교회의 평신도 교육을 위해서 크게 기여할 수 있게 되기를 기대한다.

2012년 2월 15일

교육과정개발위원회 위원장 노 영 상

# 일러두기

## 1. 교재의 짜임새

이 교재는 '일러두기'와 '목차'를 뺀다면 아래 도표에서 볼 수 있듯이, 12과 102쪽 분량의 **'수업안'**, 6곡 5쪽 분량의 **'악보'**, 10군데 19쪽 분량의 **'나누어 읽을 본문'**, 7쪽 분량의 **'참고자료'** 1가지, 38쪽 분량의 **'서식'**의 다섯 부분으로 이루어져 있습니다.

| | 수업안 | 악보 | 본문 | 참고자료 | 서식 | 합계 |
|---|---|---|---|---|---|---|
| 첫 날(1과) | 7쪽 | 2쪽[3찬송] | 0 | 7쪽 | 3쪽 | 19쪽 |
| 둘째 날(2과) | 10쪽 | 0 | 3쪽 | 0 | 3쪽 | 16쪽 |
| 셋째 날(3과) | 8쪽 | 1쪽[1찬송] | 2쪽 | 0 | 4쪽 | 15쪽 |
| 넷째 날(4과) | 9쪽 | 0 | 2쪽 | 0 | 3쪽 | 14쪽 |
| 다섯째 날(5과) | 8쪽 | 2쪽[2찬송] | 1쪽 | 0 | 4쪽 | 15쪽 |
| 여섯째 날(6과) | 10쪽 | 0 | 2쪽 | 0 | 3쪽 | 15쪽 |
| 일곱째 날(7과) | 10쪽 | 0 | 2쪽 | 0 | 3쪽 | 15쪽 |
| 여덟째 날(8과) | 10쪽 | 0 | 2쪽 | 0 | 3쪽 | 15쪽 |

| 아홉째 날(9과) | 10쪽 | 0 | 2쪽 | 0 | 3쪽 | 15쪽 |
|---|---|---|---|---|---|---|
| 열째 날(10과) | 8쪽 | 0 | 1쪽 | 0 | 3쪽 | 12쪽 |
| 열한째 날(11과) | 9쪽 | 0 | 2쪽 | 0 | 3쪽 | 14쪽 |
| 열두째 날(12과) | 3쪽 | 0 | 0 | 0 | 3쪽 | 6쪽 |
| 합계 | 102쪽 | 5쪽[6찬송] | 19쪽 | 7쪽 | 38쪽 | 171쪽 |

수업은 '수업안' 을 중심으로 진행합니다. 각 과 수업에서 쓸 '악보' 와 '나누어 읽을 본문' 과 '참고자료' 와 '풀이' 와 '수업일지' 는 각각 따로 한데 묶어서 '수업안' 다음 차례대로 두었습니다. 특히 '서식' 은 필요한 경우에 잘라 내어 쓸 수도 있습니다. '서식' 에는 조모임 보고서와 각 과 공부 마무리 기도문과 몇 군데 특별한 작업의 결과를 적어 넣을 수 있습니다. 이런 점에서 이 교재는 부분적이나마 교과서이자 공책의 성격을 띱니다.

## 2. 교재에 사용된 기호

'수업안' 에서 쓰는 여러 기호의 뜻은 다음과 같습니다.

☸ 는 전체 모임을,

⇔ 는 전체 모임에서 바로 옆 사람과 이야기 나누는 경우를,

☙ 는 각자 할 일을,

❖ 은 조별 모임을,

🔔 는 조별 모임의 결과 보고를,

🕮 는 본문 읽기를,

✎ 는 과제를,

→ 는 어디를 보라는 표시입니다.

## 3. 교재의 성격

이 성경공부는 → '1.1.4. 참고자료: 과목 소개' 에서 밝혀 놓은 바와 같이 한글 성경을 중심으로 함께 찾은 본문의 중심 가르침을 우리 각자와 모두의 삶에서 실천하여 나와 우리의 삶이 달라짐을 겨냥합니다. 그런 만큼 이 성경공부에서는 본문을 자세히 깊이 주석하거나 설명하지 않습니다. 또한 함께 본문을 읽고 이야기 나누는 과정에서 생기는 여러 가지 궁금한 것들을 낱낱이 알아볼 수도 없습니다. 이런 점들을 널리 양해해 주시기 바랍니다. 본문을 더 깊이 이해하려는 분들은 그에 관한 전문 참고서나 강의를 참고하시기 바랍니다.

## 4. 절 구분 표시법

한 절을 여러 부분으로 나누어 부를 때는 히브리어 본문의 악센트 기호를 중심으로 절의 앞부분과 뒷부분은 각각 전반절과 후반절이라 하고 '전' 과 '후' 로 줄여 씁니다. 전반절이나 후반절을 다시 둘로 나눌 때는 전상반절, 전하반절, 후상반절, 후하반절이라 하고 각각 '전상', '전하', '후상', '후하' 로 줄여 씁니다.

# 목 차

:: **악보**



:: **나누어 읽을 본문**

## :: 참고자료



## :: 서식

# 1. 과목 소개, 예레미야 통틀어 보기

## 1.1. 인사 나누기와 과목 소개

☸ 1.1.1. 찬송가, "주의 말씀 듣고자"(1967년 판 개편찬송가 334장, → '1.1.1. 악보')를 다함께 배워 익힙니다.

⇔1.1.2. 각자 옆에 앉은 사람에게 이름, 학년, 이 과목 수업에서 기대하는 바, 이 수업에 임하는 마음가짐 등을 물어봅니다.

☸ 1.1.3. 그렇게 알아본 것을 밑바탕으로 하여 전체가 다 듣도록 돌아가면서 옆 사람을 소개합니다.

☸ 1.1.4. 과목 소개(→ 1.1.4. 참고자료)

(1) 구약성경공부 과목 개설 과정과 목적

(2) 구약성경공부 교재개발단의 구성과 운영

(3) 성경공부 원칙

① 본문 우선
② 학습자 중심
③ 전인성
④ 공동체성
⑤ 다양성
⑥ 공부방법 습득
⑦ 대중성

(4) 성경공부 지침

① 최종본문 중심
② 개역개정판
③ 30명 한정
④ 12주 과정
⑤ 본문의 특성에 따른 교재의 틀
⑥ 창의성 활용
⑦ 다양한 자료 활용

(5) 매주 공부와 교재의 틀

| ① 말씀을 향하여 | ② 말씀 속으로 | ③ 말씀과 함께 |
|---|---|---|
| 마음 열기 | 말씀 읽기 | 말씀 전하기 |
| 돌아보기 | 말씀 듣기 | 말씀대로 살기 |
| 생각하기 | 말씀 깨닫기 | 다짐하기 |

❖ 1.1.5. 여섯 사람씩 조를 이루어 다시 한 번 서로 인사 나눈 뒤에 조 이름, 오늘 조모임을 이끌 사람, 오늘 조모임 내용을 기록할 사람을 정하고, 아래 물음을 중심으로 이야기를 나눕니다.

일정한 주제를 두고 서로 **함께 이야기 나눌 때** 조심할 점은 무엇일까요? 또 조모임에서 나눈 이야기를 **홀로 전체 앞에서 보고할 때** 조심할 점은 무엇일까요? (→ 1.1.5. 풀이)

❁ 1.1.6. 나눈 이야기를 조모임 기록자가 → '1.1.6. 서식' 에 적어 두었다가 전체 앞에서 짧게 보고하고 함께 정리합니다.

## 1.2. 예레미야 통틀어 보기

### 1.2.1. 마음 열기

☸ 1.2.1.1. 기도찬송, "주님 우리의 마음을 여시어"(찬송가 637장, 가사는 아래에 있음)를 다함께 배워 익힙니다.

주님 우리의 마음을 여시어 말씀을 깨닫게 하옵소서. 아멘.

✍ 1.2.1.2. 묵상 기도
하나님이 이번 학기 이 과목을 통해 우리 각자와 전체에게 무엇을 가르치려 하시는지 각자 묵상하며 1분 정도 조용히 기도합니다.

### 1.2.2. 돌아보기

⇔ 예레미야를 홀로서나 다른 사람들과 함께 공부하는 가운데 겪었던 좋은 경험이나 어려운 점을 두고 옆에 앉은 사람과 이야기 나누어 봅시다.

### 1.2.3. 생각하기

❖ 1.2.3.1. 아래 물음을 중심으로 조별로 이야기를 나눕니다(→ 1.2.3.1. 풀이).

(1) '예레미야라는 이름을 들면 무엇이 맨 먼저 떠오릅니까?

(2) 우리말 성경에서 예레미야는 구약성경의 이른바 대(大)예언서 가운데서 둘째 책입니다. 대예언서라는 이름이 붙은 까닭은 무엇일까요?

(3) 예레미야에서 중요한 주제는 무엇일까요? 생각나는 대로 한 가지씩만 이야기해 봅시다.

1.2.3.2. 조별로 이야기한 것을 조모임 기록자가 → '1.2.3.2. 서식' 에 적어 두었다가 전체 앞에 보고하고 함께 정리합니다.

## 1.3. 마무리

☸ 1.3.1. 찬송가, "이 말씀 따라 사는 동안"(류형선 글 · 가락, → '1.3.1. 악보' )을 다 함께 배워 익힙니다.

☸ 1.3.2. 기도

이번 한 학기 함께 예레미야를 잘 공부하려면 우리 각자와 전체에게 무엇이 있어야 하는지 돌아가면서 한 가지씩 말하면서 조별로 공동 기도문을 이 책 뒤에 실린 → '1.3.2. 서식' 에 오늘의 조모임 기록자가 적습니다.

그런 다음에 오늘 조모임을 이끈 사람이 그 공동 기도문을 하나로 묶어 다 읽고 "예수님 이름으로 기도합니다. 아멘."이라고 하면, 다른 조의 사람들은 함께 기도찬송,

"우리들의 소원을 들어주옵소서. 아멘."(채일손 글 · 가락, → '1.3.2. 악보')을 부름으로써 응답합니다.

### 1.4. 개인별 과제

아래 과제에 대한 답을 A4 한 쪽 분량으로 인터넷 클럽 ……자료실의 '개인별 과제' 게시판에 ……까지 올립니다.

(1) 예레미야 1장 4-19절을 소리 내어 천천히 읽고 그 줄거리를 간추려 적어 봅시다.

(2) 예레미야 1장 4-19절을 여러 번 읽고 거기서 새롭게 느낀 점이나 발견한 점을 짧게 적어 봅시다.

(3) 예레미야 1장 4-19절은 4, 11, 13절에 나오는 도입부(導入部) "여호와의 말씀이 (또, 다시) 내게 임하니라 이르시되"를 중심으로 크게 세 부분으로 나눌 수 있습니다. 다음 도표의 빈칸에 해당 부분의 내용을 간추린 말을 적어 넣으면서 예레미야 1장 4-19절의 흐름과 짜임새를 알아봅시다.

<table>
<tr><td rowspan="7">4–10:</td><td>4: 도입</td><td></td></tr>
<tr><td>5:</td><td></td></tr>
<tr><td>6:</td><td></td></tr>
<tr><td rowspan="2">7–8:</td><td>7:</td></tr>
<tr><td>8:</td></tr>
<tr><td rowspan="2">9–10:</td><td>9전:</td></tr>
<tr><td>9후–10:</td></tr>
<tr><td rowspan="3">11–12:</td><td>11 전상:</td><td></td></tr>
<tr><td>11 전하 – 후:</td><td></td></tr>
<tr><td>12:</td><td></td></tr>
<tr><td rowspan="5">13–19:</td><td>13 전상: 도입</td><td></td></tr>
<tr><td>11 전하 – 후:</td><td></td></tr>
<tr><td>14–16:</td><td></td></tr>
<tr><td rowspan="2">17–19:</td><td>17전:</td></tr>
<tr><td>17후–19:</td></tr>
</table>

(4) 예레미야 1장 4–19절에 자주 나오거나 중요하게 쓰인 낱말이나 표현을 찾아봅시다.

# 2. 예레미야 1장 4-19절 공부

## 2.1. 말씀을 향하여

### 2.1.1. 마음 열기

☸ 2.1.1.1. 찬송가, "주의 말씀 듣고자"(1967년 판 개편찬송가 334장, → '1.1.1. 악보')를 함께 부릅니다.

✎ 2.1.1.2. 묵상기도

하나님이 나를 당신의 말씀을 전할 일꾼으로 부르셨다는 사실을 깨달았을 때가 있었는지 그 때 내가 어떻게 반응했으며 나의 그런 반응을 하나님이 어떻게 다루셨는지 생각하며 1분 정도 기도합니다.

### 2.1.2. 돌아보기

⇔지금까지 예언서 예레미야가 어떤 점에서 감동을 주었는지 옆 사람과 잠시 이야기를 나누어 봅시다.

### 2.1.3. 생각하기

⇔지난주 '1.4. 개인별 과제' 를 하다가 가장 새롭게 깨달은 점을 두고 옆 사람과 잠시 이야기를 나누어 봅시다.

## 2.2. 말씀 속으로

### 2.2.1. 말씀 읽기

📖 두 사람이 앞에 나와서 → '2.2.1. 나누어 읽을 본문' 에서 나누어 적은 놓은 것을 보고 오늘 함께 공부할 예레미야 1장 4-19절을 각각 ㈎ 예레미야와 ㈏ 하나님의 역할을 맡아 큰 소리로 천천히 나누어 읽습니다. 다른 사람들은 성경을 보지 말고 잘 들어 봅시다.

본문을 나누어 읽기 직전에 기도찬송, "주님 우리의 마음을 여시어 말씀을 깨닫게 하옵소서 아멘"(찬송가 637장)을 다함께 부릅니다.

### 2.2.2. 말씀 듣기

❖ 지난주 '1.4. 개인별 과제' 에서 (3)(4)를 함께 풀어 봅니다.

2.2.2.1. 예레미야 1장 4–19절은 4, 11, 13절에 나오는 도입부(導入部) "여호와의 말씀이 (또, 다시) 내게 임하니라 이르시되"를 중심으로 크게 세 부분으로 나눌 수 있습니다. 다음 도표의 빈칸에 해당 부분의 내용을 잘 드러내는 제목이나 그 내용을 간추린 말을 적어 넣으면서 예레미야 1장 4–19절의 흐름과 짜임새를 알아봅시다(→ 2.2.2.1. 풀이).

<table>
<tr><td rowspan="7">4–10:</td><td>4: 도입</td><td></td></tr>
<tr><td>5:</td><td></td></tr>
<tr><td>6:</td><td></td></tr>
<tr><td rowspan="2">7–8:</td><td>7:</td></tr>
<tr><td>8:</td></tr>
<tr><td rowspan="2">9–10:</td><td>9전:</td></tr>
<tr><td>9후–10:</td></tr>
<tr><td rowspan="3">11–12:</td><td>11 전상:</td><td></td></tr>
<tr><td>11 전하 – 후:</td><td></td></tr>
<tr><td>12:</td><td></td></tr>
<tr><td rowspan="5">13–19:</td><td>13 전상: 도입</td><td></td></tr>
<tr><td>11 전하 – 후:</td><td></td></tr>
<tr><td>14–16:</td><td></td></tr>
<tr><td rowspan="2">17–19:</td><td>17전:</td></tr>
<tr><td>17후–19:</td></tr>
</table>

(4) 예레미야 1장 4-19절에 자주 나오거나 중요하게 쓰인 낱말이나 표현을 찾아봅시다(→ 2.2.2.2. 풀이).

(5) 이러한 흐름과 짜임새, 또 중요하게 쓰인 낱말이나 표현을 중심으로 예레미야 1장 4-19절에서 무엇을 말하려는지 생각해 봅시다(→ 2.2.2.3. 풀이).

◆ 참고: 선지자(先知者)보다는 예언자(預言者)로!

개역성경에서는 예레미야 1장 5절을 비롯하여 예언서에서 예언하는 사람을 가리켜 선지자라고 번역해 놓았는데, 예언자로 바꾸는 것이 더 낫습니다. 선지자라고 하면 앞으로 일어날 일을 '미리 아는 사람' 이라는 뜻이 되어, 예언자가 과거 현재 미래를 가릴 것 없이 하나님이 이 땅에 알리시려는 말씀을 맡아 전하는 사람이라는 사실이 제대로 드러나지 않기 때문입니다.

### 2.2.3. 말씀 깨닫기

❖ 다음 두 물음도 염두에 두면서 예레미야 1장 4-19절 전체의 가르침을 몇 가지 함께 찾아봅시다(→ 2.2.3. 풀이).

(1) 하나님이 선지자로 세우신 사람이 할 일 가운데 가장 중요한 것은 무엇입니까?

(2) 그밖에도 본문에서 새롭게 깨달은 것이 있으면 이야기 나누어 봅시다.

🔔 2.2.3.3. 조모임에서 이야기 나눈 것을 조모임 기록자가 → '2.2.3.3. 서식' 에 적어 두었다가 전체 앞에서 짧게 보고하고 함께 정리합니다.

## 2.3. 말씀과 함께

☸ 찬송가, "십자가를 질 수 있나"(2006년 판 찬송가 461장, 가사는 아래에 있음)를 다함께 부릅니다.

1. 십자가를 질 수 있나 주가 물어보실 때
 죽기까지 따르오리 성도 대답하였다
 (후렴) 우리의 심령 주의 것이니 주님의 형상 만드소서
 주 인도 따라 살아갈 동안 사랑과 충성 늘 바치오리다.
2. 너는 기억하고 있나 구원받은 강도를
 그가 회개하였을 때 낙원 허락받았다(후렴)

3. 걱정 근심 어둔 그늘 너를 둘러 덮을 때
주께 네 영 맡기겠나 최후 승리 믿으며(후렴)
4. 이런 일 다 할 수 있나 주가 물어보실 때
용감한 자 바울처럼 선뜻 대답하리라(후렴)

### 2.3.1. 말씀 전하기

❖ 2.3.1.1. 다음 두 가지 가운데 하나를 골라 조모임을 합니다.

(1) 예레미야 1장 4-19절의 내용을 각자 예레미야가 되었다고 생각하고 현대인들이 이해할 수 있는 말로 바꾸어 다른 사람에게 이야기해 봅시다.

(2) 예레미야 1장 4-19절의 핵심내용을 핸드폰 문자로 보낼 수 있도록 3-4문장으로 요약합니다. 요약한 내용을 각 조안에서 짝을 정하여 서로에게 보내 봅시다.

🔔 2.3.1.2. 앞 조모임에서 다룬 것에 따라 발표내용이 달라집니다.

(1) 각 조에서 한 사람씩만 전체 앞에서 발표합니다.

(2) 각 조에서 모두가 돌아가면서 문자의 내용을 발표합니다.

### 2.3.2. 말씀대로 살기

❖ 2.3.2.1. 다음 두 가지 가운데 하나를 골라 조모임을 합니다.

(1) 예레미야 1장 4-19절의 가르침을 따라 오늘 우리 그리스도인들이 말씀의 일꾼으로 살아가려고 할 때 가장 힘든 점이 무엇이며 그 어려움을 어떻게 이겨 낼 수 있을지 함께 이야기 나누어 봅시다.

(2) 하나님의 일꾼으로 말씀을 전할 때 축복의 내용 보다 죄악에 대한 하나님의 심판 또는 징계의 내용을 전하는 것은 쉬운 일이 아닙니다. 오늘의 상황에서 사람들에게 하나님의 심판 또는 징계의 메시지를 전하는 가장 좋은 방법이 무엇인지 함께 이야기를 나누어 봅시다.

🔔 2.3.2.2. 조모임에서 이야기 나눈 것을 조모임 기록자가 → '2.3.2. 서식' 에 적어 두었다가 전체 앞에서 짧게 보고하고 함께 정리합니다.

### 2.3.3. 다짐하기

❁ 2.3.3.1. 다함께 찬송 "이 말씀 따라 사는 동안"(류형선 글 · 가락, → '1.3.1. 악보')을 부릅니다.

❁ 2.3.3.2. 오늘 공부한 내용을 생각하면서 각자의 다짐을 한 문장의 짧은 기도문으로 → '2.3.3.2. 서식'에 적어 넣습니다. 그런 다음에 오늘 조모임을 이끈 사람이 그 공동 기도문을 하나로 묶어 다 읽고 "예수님 이름으로 기도합니다. 아멘."이라고 하면, 다른 조의 사람들은 함께 기도찬송, "우리들의 소원을 들어주옵소서. 아멘."(채일손 글 · 가락, → '1.3.2. 악보')을 부름으로써 응답합니다.

### ✐ 2.4.1. 개인별 과제

아래 과제에 대한 답을 A4 한 쪽 분량으로 인터넷 클럽 ……자료실의 '개인별 과제' 게시판에 ……까지 올립니다.

⑴ 예레미야 1장 4-19절 공부에서 깨달은 가르침을 한 주간 동안 묵상하고 실천하는 과정에서 느끼게 된 문제점이나 경험을 짤막하게 적어 봅시다.

⑵ 예레미야 2장 1-3절을 읽고 그 가르침을 찾아 적어 봅시다.

(3) 예레미야 2장 4-13절을 여러 번 읽고 거기서 새롭게 느낀 점이나 발견한 점을 짧게 적어 봅시다.

(4) 다음 도표의 빈칸에 해당하는 본문의 내용을 담은 제목이나 그 내용을 줄인 말을 적어 넣으면서 예레미야 2장 4-13절의 흐름과 짜임새를 알아봅시다.

<table>
<tr><td rowspan="6">4-9:</td><td colspan="3">4:</td></tr>
<tr><td rowspan="5">5-9:</td><td rowspan="2">5-6:</td><td>5:</td></tr>
<tr><td>6:</td></tr>
<tr><td rowspan="2">7-8:</td><td>7:</td></tr>
<tr><td>8:</td></tr>
<tr><td>9:</td><td></td></tr>
<tr><td rowspan="4">10-13:</td><td rowspan="2">10-11:</td><td colspan="2">10:</td></tr>
<tr><td colspan="2">11:</td></tr>
<tr><td colspan="3">12:</td></tr>
<tr><td colspan="3">13:</td></tr>
</table>

(5) 이러한 흐름과 짜임새, 또 중요하게 쓰인 낱말이나 표현을 중심으로 사무엘상 8장 4-22절이 무엇을 말하려는지 생각해 봅시다.

(6) 이러한 흐름과 짜임새, 또 중요하게 쓰인 낱말이나 표현을 중심으로 예레미야 2장 4-13절에서 무엇을 말하려는지 생각해 보고, 그 가르침을 몇 가지 찾아봅시다.

### 2.4.2. 공동작업 과제

다섯 조 가운데 한 조가 각 조원이 신학을 하도록 부르심 받은 경험을 서로 이야기 나눈 뒤에 두서너 가지 유형으로 나누어 이를 소개하는 신문 기사나 방송 원고를 만들어 그 기초 자료는 인터넷 클럽 ……자료실의 '공동작업 과제' 게시판에 ……까지 올리고, 다음 시간에 전체 앞에서 발표해 봅시다.

**신문 기사나 방송 원고 작성과 발표**

(1) 각자 신학을 하게 된 동기와 과정을 두고 이야기 나눕니다.
(2) 들은 이야기를 몇 가지 유형으로 묶을 수 있는지 의논해 봅니다.
(3) 각 유형을 어떤 짜임새로 엮을 수 있을지 생각해 봅니다.
(4) 신문 기사나 방송 원고를 어떤 형식(고백문, 인터뷰, 대담 등)으로 할지 정합니다.
(5) 준비한 초고를 놓고 함께 보완합니다.

# 3. 예레미야 2장 4-13절 공부

## 3.1. 말씀을 향하여

### 3.1.1. 마음 열기

☸ 3.1.1.1. 찬송가, “주님의 귀한 말씀은”(1983년 판 찬송가 238장, → ‘3.1.1. 악보’)을 다함께 부릅니다.

✎ 3.1.1.2. 묵상기도
오늘 남한의 교회와 세계 교회를 바라보시는 하나님의 마음이 어떠할지 헤아려 보면서 1분 정도 조용히 기도합니다.

### 3.1.2. 돌아보기

☸ 3.1.2.1. 지난주 ‘2.4.2. 공동작업 과제’를 맡은 조가 신학을 시작하게 된 계기와 과정을 몇 가지 유형으로 나누어 만든 신문 기사를 발표하거나 준비한 내용을 방송합

니다. 다른 조 사람들은 그 신문 기사와 방송을 듣고 본 느낌을 이야기해 봅니다. 준비 한 조에서는 몇 사람이 준비 과정에서 느낀 점도 말해 봅니다.

⇔3.1.2.2. 지난주 공부에서 깨달은 바를 통해 나와 우리의 삶이 어떻게 얼마나 달라졌는지 잠시 옆 사람과 이야기 나누어 봅시다.

### 3.1.3. 생각하기

⇔3.1.3.1. 지난주 '2.4.1. 개인별 과제'를 하다가 가장 새롭게 깨달은 점을 두고 옆 사람과 잠시 이야기를 나누어 봅시다.

☸ 3.1.3.2. 앞 3.1.2.2.와 3.1.3.1.에서 나눈 이야기를 한두 사람이 전체 앞에서 짤막하게 보고합니다.

## 3.2. 말씀 속으로

### 3.2.1. 말씀 읽기

📖 네 사람이 앞에 나와서 → '3.2.1. 나누어 읽을 본문'에 적힌 대로, 오늘 함께 공부할 예레미야 2장 4-13절을 ㈎ 예언자, ㈏ 하나님, ㈐ 조상들, ㈑ 제사장들의 역할을 맡아 큰 소리로 천천히 나누어 읽고 다른 사람들을 이를 잘 들어 봅시다.

본문을 나누어 읽기 직전에 기도찬송, "주님 우리의 마음을 여시어 말씀을 깨닫게 하옵소서 아멘"(찬송가 637장)을 다함께 부릅니다.

### 3.2.2. 말씀 듣기

❖ 지난주 '2.4.1. 개인별 과제' 에서 (4)(5)(6)을 함께 풀어 봅니다.

3.2.2.1. 다음 도표의 빈칸에 해당하는 본문의 내용을 담은 제목이나 그 내용을 줄인 말을 적어 넣으면서 예레미야 2장 4-13절의 흐름과 짜임새를 알아봅시다(→ 3.2.2.1. 풀이).

<table>
<tr><td rowspan="6">4-9:</td><td colspan="3">4:</td></tr>
<tr><td rowspan="5">5-9:</td><td rowspan="2">5-6:</td><td>5:</td></tr>
<tr><td>6:</td></tr>
<tr><td rowspan="2">7-8:</td><td>7:</td></tr>
<tr><td>8:</td></tr>
<tr><td>9:</td><td></td></tr>
<tr><td rowspan="4">10-13:</td><td rowspan="2">10-11:</td><td colspan="2">10:</td></tr>
<tr><td colspan="2">11:</td></tr>
<tr><td colspan="3">12:</td></tr>
<tr><td colspan="3">13:</td></tr>
</table>

3.2.2.2. 예레미야 2장 4-13절에 자주 나오거나 중요하게 쓰인 낱말이나 표현을 찾아봅시다(→ 3.2.2.2. 풀이).

3.2.2.3. 이러한 흐름과 짜임새, 또 중요하게 쓰인 낱말이나 표현을 중심으로 예레미야 2장 4-13절에서 무엇을 말하려는지 생각해 보고, 그 가르침을 몇 가지 찾아봅시다(→ 3.2.2.3. 풀이).

◆ 참고

1. 바알(8절)

히브리어로 '임자', '남편'을 뜻하는 이 낱말은 흔히 가나안 사람들이 지역마다 다산(多産)과 풍요(豊饒)의 신으로 섬기던 우상을 가리키는 말로도 쓰입니다. 이스라엘이 가나안 땅에 들어가기 전에 그곳에 살던 토박이들은 바알이 땅에 비를 내려 농사가 잘 되게 해 준다고 믿었습니다. 글의 흐름으로 보아 5절 후반절의 '헛된 것'도 실제로는 바알을 가리키는 것으로 이해할 수 있습니다.

2. 깃딤 섬들과 게달(10절)

깃딤 섬들은 오늘의 사이프러스를 중심한 지역의 섬들을 가리키고 게달은 시리아 아라비아 사막 지역을 가리킵니다. 이 두 지역이 당시 이스라엘 사람들이 생각할 수 있는 세상의 서쪽 끝과 동쪽 끝을 뜻했습니다.

### 3.2.3. 말씀 깨닫기

❖ 다음 두 물음도 염두에 두면서 예레미야 2장 4-13절의 가르침을 몇 가지 함께 찾아봅시다(→ 3.2.3. 풀이).

3.2.3.1. 예레미야 2장 4-13절에서 하나님은 무엇을 그리도 안타까워하십니까?

3.2.3.2. 여호와께서는 왕을 세워 주기 원하는 이스라엘 백성들의 요구를 들으시고 그 요구가 어떤 의미가 있다고 말씀하셨습니까?(7절).

3.2.3.2. 그밖에도 본문에서 새롭게 깨달은 것이 있으면 이야기 나누어 봅시다.

🔔 3.2.3.3. 조모임에서 이야기 나눈 것을 조모임 기록자가 → '3.2.3.3. 서식' 에 적어 두었다가 전체 앞에서 짧게 보고하고 함께 정리합니다.

## 3.3. 말씀과 함께

❁ 찬송가, "세상의 헛된 신을 버리고"(2006년 판 찬송가 322장, 가사는 아래에 있음)를 다함께 부릅니다.

1. 세상에 헛된 신을 버리고 하나님 이름 높여 기리세
   온 천하 백성 모두 나와서 다같이 하나님만 섬기세
2. 세상의 헛된 우상 버리고 인간의 모든 부귀영화와
   거짓과 불의 모두 버리고 온전히 하나님만 섬기세
3. 주님의 백성 서로 헤아려 시기와 미움 아주 버리고
   하나님만을 홀로 섬기는 천국을 어서 이뤄 주소서. 아멘.

### 3.3.1. 말씀 전하기

❖ 3.3.1.1. 다음 두 가지 가운데 하나를 골라 조모임을 합니다.

(1) 내가 잘해 준 사람에게 배신을 당했을 때 내 마음이 어떠했는지, 아직 그런 경험이 없다면 그런 일이 생겼을 때 내 마음이 어떠할지, 그 안타까운 마음을 배신한 그 사람에게 보내는 글과 다른 사람에게 표현하는 글의 두 가지로 → '3.3.1.1. 서식' 에 짤막짤막하게 써 봅시다.

(2) 과거에 유행했거나 최근에 유행하는 노래 가운데 배신이라는 주제를 다룬 노래를 1-2곡 정하여 가사를 분석해 보고 오늘의 본문과 어떠한 공통점과 차이점이 있는지 함께 이야기해 봅시다. 우리들로부터 배신을 당한 하나님의 심정으로 노래 가사를 만들어 봅시다.

🔔 3.3.1.2. 조마다 한 편의 글을 골라 전체 앞에서 소개합니다.

### 3.3.2. 말씀대로 살기

❖ 3.3.2.1. 우리 한국 교회의 지난날 선배 그리스도인들과 오늘의 그리스도인들이 어떤 점에서 하나님을 배신했거나 배신하고 있는지, 그 때 하나님의 마음이 어떠할지 함께 이야기 나누어 봅시다.

🔔 3.3.2.2. 조모임에서 이야기 나눈 것을 조모임 기록자가 → '3.3.2.2. 서식' 에 적어 두었다가 전체 앞에서 짧게 보고하고 함께 정리합니다.

### 3.3.3. 다짐하기

☸ 3.3.3.1. 다함께 찬송 "이 말씀 따라 사는 동안"(류형선 글 · 가락, → '1.3.1. 악보')을 부릅니다.

☸ 3.3.3.2. 오늘 공부한 내용을 생각하면서 각자의 다짐을 한 문장의 짧은 기도문으로 '3.3.3.2. 서식'에 적어 넣습니다. 그런 다음에 오늘 조모임을 이끈 사람이 그 공동 기도문을 하나로 묶어 다 읽고 "예수님 이름으로 기도합니다. 아멘."이라고 하면, 다른 조의 사람들은 함께 기도찬송, "우리들의 소원을 들어주옵소서. 아멘."(채일손 글 · 가락, → '1.3.2. 악보')를 부름으로써 응답합니다.

### ✐3.4. 개인별 과제

아래 과제에 대한 답을 A4 한 쪽 분량으로 인터넷 클럽 ……자료실의 '개인별 과제' 게시판에 ……까지 올립니다.

(1) 예레미야 2장 4-13절 공부에서 깨달은 가르침을 한 주간 동안 묵상하고 실천하는 과정에서 느끼게 된 문제점이나 경험을 짤막하게 적어 봅시다.

(2) 예레미야 2장 14절-6장 30절을 읽고 그 줄거리를 간추려 적어 봅시다.

(3) 예레미야 7장 1-11절을 여러 번 읽고 거기서 새롭게 느낀 점이나 발견한 점을 짧게 적어 봅시다.

(4) 다음 도표에서 절 표시 뒤에 들어 있는 [　　] 안에 들어갈 말을 아래 보기에서 찾아 적어 넣으면서, 예레미야 7장 1-11절의 흐름과 짜임새를 알아봅시다.

보기: 경고, 경청(傾聽) 요청, 권유와 약속, 꾸중, 선포명령, 선포할 말씀, 심부름꾼의 말투, 임한 말씀, 조건부 약속, 하신 말씀.

<table>
<tr><td colspan="4">1[도입부]: "여호와께로부터 예레미야에게 말씀이 임하니라 … "</td></tr>
<tr><td rowspan="7">2-11<br>[　　]</td><td colspan="3">2전[　　]: "너는 … 이 말을 선포하여 … "</td></tr>
<tr><td rowspan="6">2후-11<br>[　　]</td><td colspan="2">2후[　　]: " … 여호와의 말씀을 들으라"</td></tr>
<tr><td colspan="2">3전상[　　]: " … 하나님께서 이와 같이 말씀하시되"</td></tr>
<tr><td rowspan="4">3전하-11<br>[　　]</td><td>3전후-하[　　]: "길과 행위를 바르게 하라<br>그리하면 … 살게 하리라"</td></tr>
<tr><td>4[　　]: " … 하는 거짓말을 믿지 말라"</td></tr>
<tr><td>5-7[　　]: " … 만일 … 아니하면,<br>… 살게 하리라 … "</td></tr>
<tr><td>8-11[　　]: " … 이 집이 … 도둑의 소굴로<br>보이느냐 … "</td></tr>
</table>

(5) 예레미야 7장 1-11절에 자주 나오거나 중요하게 쓰인 낱말이나 표현을 찾아봅시다.

(6) 이러한 흐름과 짜임새, 또 중요하게 쓰인 낱말이나 표현을 중심으로 예레미야 7장 1-11절에서 무엇을 말하려는지 생각해 보고, 그 가르침을 몇 가지 찾아봅시다.

# 4. 예레미야 7장 1-11절 공부

## 4.1. 말씀을 향하여

### 4.1.1. 마음 열기

☸ 4.1.1.1. 찬송가, "주의 말씀 듣고자"(1967년 판 개편찬송가 334장, → '1.1.1. 악보')를 함께 부릅니다.

𝒮 4.1.1.2. 묵상기도

예배하러 예배당에 들어설 때 어떤 마음으로 들어섰는지 되돌아보면서 1분 정도 조용히 기도합니다.

### 4.1.2. 돌아보기

⇔ 4.1.2.2. 지난주 공부에서 깨달은 바를 통해 나와 우리의 삶이 어떻게 얼마나 달라졌는지 잠시 옆 사람과 이야기 나누어 봅시다.

### 4.1.3. 생각하기

⇔4.1.3.1. 지난주 '3.4. 개인별 과제' 를 하다가 가장 새롭게 깨달은 점을 두고 옆 사람과 잠시 이야기를 나누어 봅시다.

❁ 4.1.3.2. 앞 4.1.3.1.에서 나눈 이야기를 한두 사람이 전체 앞에서 짤막하게 보고합니다.

## 4.2. 말씀 속으로

### 4.2.1. 말씀 읽기

🕮 두 사람이 앞에 나와서 → '4.2.1. 나누어 읽을 본문' 에 적힌 바를 따라 오늘 함께 공부할 예레미야 7장 1-11절을 큰 소리로 천천히 나누어 읽고, 다른 사람들은 잘 듣습니다.

본문을 나누어 읽기 직전에 기도찬송, "주님 우리의 마음을 여시어 말씀을 깨닫게 하옵소서 아멘"(찬송가 637장)을 다함께 부릅니다.

### 4.2.2. 말씀 듣기

❖ 지난주의 '3.4. 개인별 과제' 에서 (4)(5)(6)을 함께 풀어 봅니다.

4.2.2.1. 다음 도표에서 절 표시 뒤에 들어 있는 [　] 안에 들어갈 말을 아래 보기에서 찾아 적어 넣으면서, 예레미야 7장 1-11절의 흐름과 짜임새를 알아봅시다(→ 4.2.2.1. 풀이).

보기: 경고, 경청(傾聽) 요청, 권유와 약속, 꾸중, 선포명령, 선포할 말씀, 심부름꾼의 말투, 임한 말씀, 조건부 약속, 하신 말씀.

<table>
<tr><td colspan="4">1[도입부]: “여호와께로부터 예레미야에게 말씀이 임하니라 … ”</td></tr>
<tr><td rowspan="7">2-11<br>[　]</td><td colspan="3">2전[　]: “너는 … 이 말을 선포하여 … ”</td></tr>
<tr><td rowspan="6">2후-11<br>[　]</td><td colspan="2">2후[　]: “ … 여호와의 말씀을 들으라”</td></tr>
<tr><td colspan="2">3전상[　]: “ … 하나님께서 이와 같이 말씀하시되”</td></tr>
<tr><td rowspan="4">3전하-11<br>[　]</td><td>3전후-하[　]: “길과 행위를 바르게 하라<br>그리하면 … 살게 하리라”</td></tr>
<tr><td>4[　]: “ … 하는 거짓말을 믿지 말라”</td></tr>
<tr><td>5-7[　]: “ … 만일 … 아니하면,<br>… 살게 하리라 … ”</td></tr>
<tr><td>8-11[　]: “ … 이 집이 … 도둑의 소굴로<br>보이느냐 … ”</td></tr>
</table>

4.2.2.2. 예레미야 7장 1-11절에 자주 나오거나 중요하게 쓰인 낱말이나 표현을 찾아봅시다(→ 4.2.2.2. 풀이).

4.2.2.3. 이러한 흐름과 짜임새, 또 중요하게 쓰인 낱말이나 표현을 중심으로 예레미야 7장 1-11절에서 무엇을 말하려는지 생각해 보고, 그 가르침을 몇 가지 찾아봅시다(→ 4.2.2.3. 풀이).

### 4.2.3. 말씀 깨닫기

❖ 다음 여러 물음을 중심으로 예레미야 7장 1-11절의 가르침을 몇 가지 함께 찾아봅시다(→ 4.2.3. 풀이).

4.2.3.1. 4절에서 예루살렘 성전을 가리켜 "이것이 여호와의 성전이라, 여호와의 성전이라, 여호와의 성전이라 하는 거짓말"이라고 한 까닭은 무엇입니까?

4.2.3.2. 8절에서 말하는 '무익한 거짓말' 은 무엇을 가리킵니까?

4.2.3.3. 그밖에도 본문에서 새롭게 깨달은 것이 있으면 이야기 나누어봅시다.

🔔 4.2.3.4. 조모임에서 이야기 나눈 것을 조모임 기록자가 → '4.2.3.4. 서식' 에 적어 두었다가 전체 앞에서 짧게 보고하고 함께 정리합니다.

## 4.3. 말씀과 함께

☸ 찬송가, "옳은 길 따르라 의의 길을"(2006년 판 찬송가 516장, 가사는 아래에 있음)를 다함께 부릅니다.

1. 옳은 길 따르라 의의 길을 세계 만민의 참된 길
이 길 따라서 살기를 온 세계에 전하세 만백성이 나갈 길

(후렴) 어둔 밤 지나고 동 튼다 환한 빛 보아라 저 빛

주 예수의 나라 이 땅에 곧 오겠네 오겠네.

2. 주 예수 따르라 승리의 주 세계 만민이 나아갈
   길과 진리요 참 생명 네 창검으로 부수고 다 따르라 화평 왕(후렴)
3. 놀라운 이 소식 알리어라 세계 만민을 구하려
   내 주 예수를 보내신 참 사랑의 하나님 만 백성이 따를 길(후렴)
4. 고난 길 헤치고 찾아온 길 많은 백성을 구한 길
   모두 나와서 믿으면 온 세상이 마침내 이 진리에 살겠네(후렴)

### 4.3.1. 말씀 전하기

❖ 4.3.1.1. 예레미야 7장 2절 후반절-11절("여호와께 예배하러 … 여호와의 말씀이니라")의 내용을 오늘 우리 한국 교회의 상황에 알맞게 바꾸어 예배하러 오는 그리스도인들에게 외치는 말로 바꾸어 말해 봅시다.

🔔 4.3.1.2. 몇 사람이 조에서 한 말을 전체 앞에서 되풀이 해 봅니다.

### 4.3.2. 말씀대로 살기

❖ 4.3.2.1. 다음 세 가지 가운데 하나를 골라 조모임을 합니다.

(1) 오늘 우리 한국의 그리스도인들이 예레미야 7장 5-6절, 9절에서 지적한 여러 가지 잘못 가운데 어떤 잘못을 저지르고 있는지, 또는 그 밖에 어떤 잘못을 저지르고 있는지 실제 보기를 들면서 이야기 나누어 봅시다.

(2) 오늘날 한국 교회와 그리스도인들을 향한 우리 사회의 비판 가운데 가장 핵심이 무엇인지를 이야기해 보고 그 내용을 오늘의 본문 말씀과 비교하여 봅시다. 그리고 한국 교회를 향한 하나님의 말씀과 우리 사회의 비판 사이의 공통점과 차이점을 이야기해 봅시다.

(3) 예레미야 7장 2절 후반절-11절의 가르침에 비추어 아래의 "읽어 볼 만한 글"을 함께 읽어 본 후 이에 대하여 함께 이야기해 봅시다.

◆ 읽어 볼 만한 글

**하나님은 돈을 밝힌다?**

한마디로 한국의 교회는 돈 먹는 하마입니다. 먹어도 먹어도 여전히 '돈이 먹고 싶다' 고 계속 외칩니다. 교회에 다니다가 교회를 등지는 사람들 중에는 목회자들의 돈타령에 염증을 느낀 사람들이 많습니다. 한국의 기독교회는 하나님을 돈을 엄청 밝히는 신으로 만들어 놓았습니다. 목회자들의 입을 통해 하나님은 사람들에게는 돈을 멀리하라고 말하면서, 나는 돈을 좋아하니 나에게 그것들을 갖다 바치라고 계속 반복해서 말합니다. 나에게 돈을 아낌없이 갖다 바치는 정도에 따라 복을 주겠다고 말합니다. 돈지갑의 회개가 참된 신앙의 표시이며, 돈지갑의 회개 정도는 교회를 통해 하나님에게 돈을 갖다 바치는 정도에 비례한다고 말합니다.

- 윤원근, 『성서, 민주주의를 말하다』(파주: 살림출판사, 2010), 21쪽에서

🔔 4.3.2.2. 각조에서 이야기 나눈 것을 조모임 기록자가 → '4.3.2.2. 서식' 에 적어 두었다가 전체 앞에서 짧게 발표하고 정리합니다.

### 4.3.3. 다짐하기

☸ 다함께 찬송 "이 말씀 따라 사는 동안"(류형선 글 · 가락, → '1.3.1. 악보')을 부릅니다.

☸ 4.3.3.2. 오늘 공부한 내용을 생각하면서 각자의 다짐을 한 문장의 짧은 기도문으로 → '4.3.3.2. 서식' 에 적어 넣습니다. 그런 다음에 오늘 조모임을 이끈 사람이 그 공동 기도문을 하나로 묶어 다 읽고 "예수님 이름으로 기도합니다. 아멘."이라고 하면, 다른 조의 사람들은 함께 기도찬송, "우리들의 소원을 들어주옵소서. 아멘."(채일손 글 · 가락, → '1.3.2. 악보')을 부름으로써 응답합니다.

### ✎4.4.1. 개인별 과제

아래 과제에 대한 답을 A4 한 쪽 분량으로 인터넷 클럽 ……자료실의 '개인별 과제' 게시판에 ……까지 올립니다.

(1) 예레미야 7장 1-11절 공부에서 깨달은 가르침을 한 주간 동안 묵상하고 실천하는 과정에서 느끼게 된 문제점이나 경험을 짤막하게 적어 봅시다.

(2) 예레미야 7장 12절-8장 17절을 읽고 그 줄거리를 간추려 적어 봅시다.

(3) 예레미야 8장 18절-9장 1절을 여러 번 읽고 거기서 새롭게 느낀 점이나 발견한 점을 짧게 적어 봅시다.

(4) 아래 도표의 [　　]에 들어갈 해당 절수를 보기에서 골라 적어 넣으면서 예레미야 8장 18절-9장 1절의 흐름과 짜임새를 알아봅시다.

보기 – 8:19전상, 8:19전하, 8:19후, 8:20, 8:21, 8:22, 9:1

<table>
<tr><th colspan="2">예언자의 말</th><th>백성의 말</th><th>하나님의 말씀</th></tr>
<tr><td colspan="2">[8:18] 괴로움으로 울부짖음</td><td></td><td></td></tr>
<tr><td colspan="2">[　　] 원인 1: 백성의 소리</td><td></td><td></td></tr>
<tr><td colspan="2" rowspan="3">([　　] 원인 2: 하나님의 한탄)</td><td>[　　]<br>시온에 계시지 않는 하나님?</td><td></td></tr>
<tr><td></td><td>[　　] 백성의 죄</td></tr>
<tr><td>[　　]<br>어그러진 기대</td><td></td></tr>
<tr><td rowspan="3">[　　]<br>탄식</td><td>[　　]<br>백성 때문에 상한 나</td><td></td><td></td></tr>
<tr><td>[　　]<br>치료받지 못하는 백성</td><td></td><td></td></tr>
<tr><td>[　　] 슬픔의 눈물</td><td></td><td></td></tr>
</table>

(5) 예레미야 8장 18절-9장 1절에 자주 나오거나 중요하게 쓰인 낱말이나 표현을 찾아봅시다.

(6) 이러한 흐름과 짜임새, 또 중요하게 쓰인 낱말이나 표현을 중심으로 예레미야 8장 18절-9장 1절에서 무엇을 말하려는지 생각해 보고, 그 가르침을 몇 가지 찾아봅시다.

### 4.4.2. 공동작업 과제

다섯 조 가운데 한 조가 예레미야 7장 1-15절을 참고하면서 26장 1-19절의 내용을 10분 길이의 연극으로 만들어 그 각본을 비롯한 기초 자료는 인터넷 클럽 ……자료실의 '공동작업 과제' 게시판에 ……까지 올리고, 다음 시간에 조마다 전체 앞에서 발표해 봅시다.

**연극 대본 작성과 발표**

(1) 7장 1-15절과 26장 1-19절 사이에 비슷한 점과 다른 점이 무엇인지 잘 살펴봅니다.
(2) 26장 1-19절을 몇 단락으로 나누어 장면을 정합니다.
(3) 각 장면의 등장인물을 정하고 대사를 만듭니다.
(4) 각 장면에 필요한 배경과 소도구를 마련합니다.
(5) 전체를 한 번 해 보고 보완합니다.

# 5. 예레미야 8장 18절-9장 1절 공부

## 5.1. 말씀을 향하여

### 5.1.1. 마음 열기

☸ 5.1.1.1. 찬송가, "사랑의 하늘 아버지"(1983년 판 찬송가 239장, → '5.1.1.1. 악보')를 다함께 부릅니다.

✎ 5.1.1.2. 묵상기도

내가 속한 크고 작은 공동체(가정, 동아리, 학교, 교회, 지역사회, 나라 등)가 겪는 어려움 때문에 몹시 힘들어 한 때가 있었는지 돌이켜 보면서 1분 정도 조용히 기도합니다.

### 5.1.2. 돌아보기

☸ 5.1.2.1. 지난주 '4.4.2. 공동작업 과제'를 맡은 조가 준비한 예레미야 26장 1-19절 연극을 전체 앞에서 발표합니다. 다른 조 사람들은 이 연극을 본 느낌을 이야기해

봅니다. 준비한 조에서는 몇 사람이 준비 과정에서 느낀 점도 말해 봅니다.

⇔5.1.2.2. 지난주 공부에서 깨달은 바를 통해 나와 우리의 삶이 어떻게 얼마나 달라졌는지 잠시 옆 사람과 이야기 나누어 봅시다.

### 5.1.3. 생각하기

⇔5.1.3.1. 지난주 '4.4.1. 개인별 과제'를 하다가 가장 새롭게 깨달은 점을 두고 옆 사람과 잠시 이야기를 나누어 봅시다.

☸ 5.1.3.2. 앞 5.1.3.1.에서 나눈 이야기를 한두 사람이 전체 앞에서 짧게 말해 보고 합니다.

## 5.2. 말씀 속으로

### 5.2.1. 말씀 읽기

🕮 세 사람이 앞에 나와서 → '5.2.1. 나누어 읽을 본문'에 적힌 바를 따라 오늘 함께 공부할 예레미야 8장 18절–9장 1절을 ㈎ 예언자, ㈏ 백성, ㈐ 하나님의 역할을 나누어 맡아 큰 소리로 천천히 읽고, 다른 사람들은 잘 들어 봅시다.

본문을 나누어 읽기 직전에 기도찬송, "주님 우리의 마음을 여시어 말씀을 깨닫게 하옵소서 아멘"(찬송가 637장)을 다함께 부릅니다.

### 5.2.2. 말씀 듣기

❖ 지난주 '4.4.1. 개인별 과제' 에서 (4)(5)(6)을 함께 풀어 봅니다.

5.2.2.1. 아래 도표의 [    ]에 들어갈 해당 절수를 보기에서 골라 적어 넣으면서 예레미야 8장 18절-9장 1절의 흐름과 짜임새를 알아봅시다(→ 5.2.2.1. 풀이).

보기 – 8:19전상, 8:19전하, 8:19후, 8:20, 8:21, 8:22, 9:1

<table>
<tr><th colspan="2">예언자의 말</th><th>백성의 말</th><th>하나님의 말씀</th></tr>
<tr><td colspan="2">[8:18] 괴로움으로 울부짖음</td><td></td><td></td></tr>
<tr><td colspan="2">[    ] 원인 1: 백성의 소리</td><td></td><td></td></tr>
<tr><td colspan="2" rowspan="3">([    ] 원인 2: 하나님의 한탄)</td><td>[    ]<br>시온에 계시지 않는 하나님?</td><td></td></tr>
<tr><td></td><td>[    ] 백성의 죄</td></tr>
<tr><td>[    ]<br>어그러진 기대</td><td></td></tr>
<tr><td rowspan="3">[    ]<br>탄식</td><td>[    ]<br>백성 때문에 상한 나</td><td></td><td></td></tr>
<tr><td>[    ]<br>치료받지 못하는 백성</td><td></td><td></td></tr>
<tr><td>[    ] 슬픔의 눈물</td><td></td><td></td></tr>
</table>

5.2.2.2. 예레미야 8장 18절–9장 1절에 자주 나오거나 중요하게 쓰인 낱말이나 표현을 찾아봅시다(→ 5.2.2.2. 풀이).

5.2.2.3. 이러한 흐름과 짜임새, 또 중요하게 쓰인 낱말이나 표현을 중심으로 예레미야 8장 18절–9장 1절에서 무엇을 말하려는지 생각해 봅시다(→ 5.2.2.3. 풀이).

### 5.2.3. 말씀 깨닫기

❖ 5.2.3.1. 예레미야 8장 18절–9장 1절의 가르침을 몇 가지 함께 찾아봅시다(→ 5.2.3. 풀이).

🔔 5.2.3.2. 조모임에서 이야기 나눈 것을 조모임 기록자가 → '5.2.3.2. 서식' 에 적어 두었다가 전체 앞에서 짧게 보고하고 함께 정리합니다.

## 5.3. 말씀과 함께

❁ 찬송, "주님의 나라를 위한 기도"(채일손 글 · 가락, → '5.3. 악보' )를 다함께 부릅니다.

### 5.3.1. 말씀 전하기

❖ 5.3.1.1. 예언자 예레미야가 오늘 한국에 있다면 한국 교회와 사회를 두고 어떻게 탄식할 것인지 생각해 보고 짧은 탄식의 글을 조별로 하나씩 지어 → '5.3.1.1. 서식' 에 적어 봅시다.

❁ 5.3.1.2. 앞 5.3.1.1.에서 조별로 한 편씩 지은 탄식의 글을 전체 앞에서 읽어 봅니다.

### 5.3.2. 말씀대로 살기

❖ 5.3.2.1. 오늘 한국의 그리스도인들과 교회들이 잘못을 저질러 겪는 어려움 가운데 대표적인 것을 몇 가지 찾아보고, 그렇게 어려움을 겪는 그리스도인들과 교회들을 바라보시는 하나님의 마음이 어떠할지를 두고 이야기를 나누어 봅시다.

**◆ 읽어 볼 만한 글**

**"모른다"는 사랑의 반대말이다!**

" … 깨달으려면 아파야 하는데. 그게 남이든 자기 자신이든 아프려면 바라봐야 하고, 느껴야 하고, 이해해야 했다. 그러고 보면 깨달음이 바탕이 되는 진정한 삶은 연민 없이 존재하지 않는 것 같았다. 연민은 이해 없이 존재하지 않고, 이해는 관심 없이 존재하지 않는다. 사랑은 관심이다 …. 그러므로 '모른다' 라는 말은 어쩌면 면죄의 말이 아니라, 사랑의 반대말이기도 하고 이해의 반대말이기도 하며 인간들이 서로 가져야 할 모든 진정한 연대의식의 반대말이기도 하다."

- 공지영, 『우리들의 행복한 시간』(서울: 오픈하우스, 2010), 248쪽에서

말씀의 참된 일꾼은 냉정하게 하나님의 심판만을 전하는 사람이 아니라, 범죄하여 고통 받는 사람들의 아픔을 자신의 아픔으로 받아들일 줄 압니다. 위의 글은 어린 시절 부모에게 버림받고 사회의 밑바닥에서 비참한 환경 가운데 살아온 어느 사형수의 이야기를 다룬 소설 『우리들의 행복한 시간』에 나오는 주인공 유정의 독백입니다. 가난하고 소외된 자들에게 관심을 가진다는 것은 과연 무엇을 뜻하는 것일까요?

🔔 5.3.2.2. 조모임에서 이야기 나눈 것을 조모임 기록자가 → '5.3.2.2. 서식' 에 적어 두었다가 전체 앞에서 짧게 보고하고 함께 정리합니다.

◆ 참고

'딸 내 백성' 이라는 표현은 구약성경에서 이사야 22장 4절, 예레미야서 4장 11절, 6장 26절, 8장 11절, 19절, 21절, 22절, 9장 1절, 7절, 14장 17절, 예레미야애가 2장 11절, 3장 48절, 4장 3절, 6절, 10절에만 나오는데, 유다 백성 전체를 하나의 여성 인격체로 부를 때 씁니다. 죄를 저지른 탓에 재난을 겪게 된 유다 백성을 하나님이나 예언자가 애틋한 마음으로 부를 때 이 표현이 쓰인 것으로 보입니다.

### 5.3.3. 다짐하기

❁ 5.3.3.1. 다함께 찬송 "이 말씀 따라 사는 동안"(류형선 글 · 가락, → '1.3.1. 악보')을 부릅니다.

❁ 5.3.3.2. 오늘 공부한 내용을 생각하면서 각자의 다짐을 한 문장의 짧은 기도문으로 → '5.3.3.2. 서식' 에 적어 넣습니다. 그런 다음에 오늘 조모임을 이끈 사람이 그 공동 기도문을 하나로 묶어 다 읽고 "예수님 이름으로 기도합니다. 아멘."이라고 하면,

다른 조의 사람들은 함께 기도찬송, “우리들의 소원을 들어주옵소서. 아멘.”(채일손 글 · 가락, → ‘1.3.2. 악보’)을 부름으로써 응답합니다.

## ✐5.4. 개인별 과제

아래 과제에 대한 답을 A4 한 쪽 분량으로 인터넷 클럽 ……자료실의 ‘개인별 과제’ 게시판에 ……까지 올립니다.

(1) 예레미야 8장 18절-9장 1절 공부에서 깨달은 가르침을 한 주간 동안 묵상하고 실천하는 과정에서 느끼게 된 문제점이나 경험을 짤막하게 적어 봅시다.

(2) 예레미야 9장 2절-17장 27절을 읽고 그 줄거리를 간추려 적어 봅시다.

(3) 예레미야 18장 1-12절을 여러 번 읽고 거기서 새롭게 느낀 점이나 발견한 점을 짧게 적어 봅시다.

(4) 예레미야 18장 1-12절은 1절과 5절에 나오는 도입부를 따라 1-4절과 5-12절의 두 부분으로 크게 나누어지고, 각 부분은 다시 사건의 경과를 이야기해 주는 부분(3-4, 12절)과 그 과정에서 인용되는 하나님의 말씀(2, 6-11절)이나 백성의 말(12절)로 이루어져 있습니다. 아래 도표의 각 부분에 알맞은 제목이나 중요한 내용을 적어 넣으면서 예레미야 18장 1-12절의 흐름과 짜임새를 알아봅시다.

<table>
<tr><td rowspan="4">1–4:</td><td rowspan="2">1–2:</td><td colspan="4">1:</td></tr>
<tr><td colspan="4">2:</td></tr>
<tr><td colspan="5">3전: 예레미야가 순종하여 토기장이 집으로 내려감</td></tr>
<tr><td colspan="5">3후–4:</td></tr>
<tr><td rowspan="8">5–12:</td><td rowspan="7">5–11:</td><td colspan="4">5:</td></tr>
<tr><td rowspan="6">6–11:</td><td rowspan="3">6–10:<br>이스라엘<br>족속에게</td><td colspan="2">6:</td></tr>
<tr><td rowspan="2">7–10:</td><td>7–8:</td></tr>
<tr><td>9–10:</td></tr>
<tr><td rowspan="3">11:<br>예레미야에게</td><td>11전상:</td><td></td></tr>
<tr><td rowspan="2">11전하– 후</td><td>11전하:</td></tr>
<tr><td>11후:</td></tr>
<tr><td colspan="5">12:</td></tr>
</table>

(5) 예레미야 18장 1–12절에 자주 나오거나 중요하게 쓰인 낱말이나 표현을 찾아봅시다.

(6) 이러한 흐름과 짜임새를 중심으로 예레미야 18장 1–12절에서 무엇을 말하려는지 생각해 보고, 그 가르침을 몇 가지 찾아봅시다.

# 6. 예레미야 18장 1-12절 공부

## 6.1. 말씀을 향하여

### 6.1.1. 마음 열기

❁ 6.1.1.1. 찬송가, "주의 말씀 듣고자"(1967년 판 개편찬송가 334장, → '1.1.1. 악보')를 함께 부릅니다.

✐ 6.1.1.2. 묵상기도
하나님의 말씀보다는 자기들의 생각대로 살기를 고집하는 그리스도인들을 향한 하나님의 마음이 어떠할지 헤아려 보면서 1분 정도 조용히 기도합니다.

### 6.1.2. 돌아보기

⇔ 6.1.2.1. 지난주 공부에서 깨달은 바를 통해 나와 우리의 삶이 어떻게 얼마나 달라졌는지 잠시 옆 사람과 이야기 나누어 봅시다.

### 6.1.3. 생각하기

⇔6.1.3.1. 지난주 '5.4. 개인별 과제'를 하다가 가장 새롭게 깨달은 점을 두고 옆 사람과 잠시 이야기를 나누어 봅시다.

☸ 6.1.3.2. 앞 6.1.3.1.에서 나눈 이야기를 한두 사람이 전체 앞에서 짤막하게 보고 합니다.

## 6.2. 말씀 속으로

### 6.2.1. 말씀 읽기

🕮 한 조의 세 사람이 앞에 나와서 → '6.2.1. 나누어 읽을 본문'에 적힌 것을 따라 ㈎ 예언자, ㈏ 하나님, ㈐ 백성의 역할을 맡아 오늘 함께 공부할 예레미야 18장 1-12절을 큰 소리로 천천히 나누어 읽고, 다른 사람들은 잘 들어 봅시다.

본문을 나누어 읽기 직전에 기도찬송, "주님 우리의 마음을 여시어 말씀을 깨닫게 하옵소서 아멘"(찬송가 637장)을 다함께 부릅니다.

### 6.2.2. 말씀 듣기

❖ 지난주 '5.4. 개인별 과제'에서 (4)(5)(6)을 함께 풀어 봅니다.

6.2.2.1. 예레미야 18장 1-12절은 1절과 5절에 나오는 도입부를 따라 1-4절과 5-12절의 두 부분으로 크게 나누어지고, 각 부분은 다시 사건의 경과를 이야기해 주는 부분(3-4, 12절)과 그 과정에서 인용되는 하나님의 말씀(2, 6-11절)이나 백성의 말(12절)로 이루어져 있습니다. 아래 도표의 각 부분에 알맞은 제목이나 중요한 내용을 적어 넣으면서 예레미야 18장 1-12절의 흐름과 짜임새를 알아봅시다(→ 6.2.2.1. 풀이).

<table>
<tr><td rowspan="4">1-4:</td><td rowspan="2">1-2:</td><td colspan="4">1:</td></tr>
<tr><td colspan="4">2:</td></tr>
<tr><td colspan="5">3전: 예레미야가 순종하여 토기장이 집으로 내려감</td></tr>
<tr><td colspan="5">3후-4:</td></tr>
<tr><td rowspan="8">5-12:</td><td rowspan="7">5-11:</td><td colspan="4">5:</td></tr>
<tr><td rowspan="6">6-11:</td><td rowspan="3">6-10:<br>이스라엘<br>족속에게</td><td colspan="2">6:</td></tr>
<tr><td rowspan="2">7-10:</td><td>7-8:</td></tr>
<tr><td>9-10:</td></tr>
<tr><td rowspan="3">11:<br>예레미야에게</td><td>11전상:</td><td></td></tr>
<tr><td rowspan="2">11전하- 후</td><td>11전하:</td></tr>
<tr><td>11후:</td></tr>
<tr><td colspan="5">12:</td></tr>
</table>

6.2.2.2. 사무엘상 16장 1-13절에 자주 나오거나 중요하게 쓰인 낱말이나 표현을 찾아봅시다(→ 6.2.2.2. 풀이).

6.2.2.3. 이러한 흐름과 짜임새, 또 중요하게 쓰인 낱말이나 표현을 중심으로 사무엘상 16장 1-13절이 무엇을 말하려는지 생각해 봅시다(→ 6.2.2.3. 풀이).

### 6.2.3. 말씀 깨닫기

❖ 6.2.3.1. 예레미야 18장 1-12절의 가르침을 몇 가지 함께 찾아봅시다(→ 6.2.3.1. 풀이).

🔔 6.2.3.2. 조모임에서 이야기 나눈 것을 조모임 기록자가 → '6.2.3.2. 서식' 에 적어 두었다가 전체 앞에서 짧게 보고하고 함께 정리합니다.

## 6.3. 말씀과 함께

☸ 찬송가, "어느 민족 누구게나"(2006년 판 찬송가 586장, 가사는 아래에 있음)를 다함께 부릅니다.

1. 어느 민족 누구게나 결단할 때 있나니
   참과 거짓 싸울 때에 어느 편에 설 건가
   주가 주신 새 목표가 우리 앞에 보이나니
   빛과 어둠 사이에서 선택하며 살리라
2. 고상하고 아름답다 진리 편에 서는 일
   진리 위해 억압 받고 명예 이익 잃어도
   비겁한 자 물러서나 용감한 자 굳세게
   낙심한 자 돌아오는 그날까지 서리라
3. 순교자의 빛을 따라 주의 뒤를 좇아서

십자가를 등에 지고 앞만 향해 가리라
새 시대는 새 사명을 우리에게 주나니
진리따라 사는 자는 전진하리 언제나

4. 악이 비록 성하여도 진리 더욱 강하다
진리 따라 살아갈 때 어려움도 당하리
우리 가는 그 앞길에 어둔 장막 덮쳐도
하나님이 함께 계셔 항상 지켜 주시리. 아멘.

### 6.3.1. 말씀 전하기

❖ 6.3.1.1. 다음 두 가지 가운데 하나를 골라 조모임을 합니다.

(1) 오늘 한국의 교회들 가운데 하나님을 믿는다 하면서도 하나님의 말씀보다는 사람들의 뜻과 전통을 고집하여 하나님의 마음을 아프게 하는 경우가 없는지를 두고 함께 이야기 나누어 봅시다.

(2) 오늘의 본문에 나오는 토기장이의 비유를 여러 등장인물(여호와 하나님, 예레미야, 토기장이, 진흙으로 만든 그릇, 유다사람과 예루살렘 주민들) 사이의 대화로 재구성해 봅시다.

❁ 6.3.1.2. 둘 가운데 한 가지 방식으로 보고하거나 발표합니다.

(1) 앞 6.3.1.1. (1) 에서 나눈 이야기를 한두 사람이 전체 앞에서 짧게 보고합니다.

(2) 앞 6.3.1.1. (2) 에서 함께 만든 대본을 전체 앞에서 1-2개 조가 발표합니다.

### 6.3.2. 말씀대로 살기

❖ 6.3.2.1. 오늘 한국의 교회들 가운데 하나님을 믿는다 하면서도 하나님의 말씀보다는 사람들의 뜻과 전통을 고집할 뿐만 아니라 하나님의 참된 종들을 통해 주시는 권고의 말씀을 받아들이지 않는 경우가 없는지를 두고 함께 이야기 나누어 봅시다.

🔔 6.3.2.2. 조에서 이야기 나눈 것을 → '6.3.2.2. 서식' 에 간추려 적어 두었다가 전체 앞에 짧게 보고합니다.

**◆ 읽어 볼 만한 글**

**반성하는 주기도문**

주님의 기도를 바칠 때
"하늘에 계신" 하지 말아라.
세상일에만 빠져 있으면서.
"우리" 하지 말아라.
너 혼자만 생각하며 살아가면서.

"아버지" 하지 말아라.

아들딸로서 살지 않으면서.

"아버지의 이름이 거룩히 빛나시며" 하지 말아라.

자기 이름을 빛내기 위해서 안간힘을 쓰면서.

"아버지의 나라가 오시며" 하지 말아라.

물질만능의 나라를 원하면서.

"아버지의 뜻이 하늘에서와 같이 땅에서도 이루어지소서" 하지 말아라.

내 뜻대로 되기를 기도하면서.

"오늘 저희에게 일용할 양식을 주시고" 하지 말아라.

가난한 이들을 본체만체하면서.

"저희에게 잘못한 이를 저희가 용서하오니 저희 죄를 용서하시고" 하지 말아라.

누구에겐가 아직도 앙심을 품고 있으면서.

"저희를 유혹에 빠지지 않게 하시고" 하지 말아라.

죄 지을 기회를 찾아다니면서.

"악에서 구하소서" 하지 말아라.

악을 보고도 아무런 양심의 소리를 듣지 않으면서.

"아멘" 하지 말아라.

주님의 기도를 진정 나의 기도로 바치지 않으면서.

- 우루과이의 Barrio 성당의 벽에 적혀 있는 이 기도문의 번역문을
http://blog.daum.net/ssb0975/206에서 옮겨 적었습니다

### 6.3.3. 다짐하기

❁ 6.3.3.1. 다함께 찬송 "이 말씀 따라 사는 동안"(류형선 글 · 가락, → '1.3.1. 악보')을 부릅니다.

❁ 6.3.3.2. 오늘 공부한 내용을 생각하면서 각자의 다짐을 한 문장의 짧은 기도문으로 → '6.3.3.2. 서식'에 적어 넣습니다. 그런 다음에 오늘 조모임을 이끈 사람이 그 공동 기도문을 하나로 묶어 다 읽고 "예수님 이름으로 기도합니다. 아멘."이라고 하면, 다른 조의 사람들은 함께 기도찬송, "우리들의 소원을 들어주옵소서. 아멘."(채일손 글 · 가락, → '1.3.2. 악보')을 부름으로써 응답합니다.

### ✎6.4.1. 개인별 과제

아래 과제에 대한 답을 A4 한 쪽 분량으로 인터넷클럽 ……자료실의 '개인별 과제' 게시판에 ……까지 올립니다.

(1) 예레미야 18장 1-12절 공부에서 깨달은 가르침을 한 주간 동안 묵상하고 실천하는 과정에서 느끼게 된 문제점이나 경험을 짤막하게 적어 봅시다.

(2) 예레미야 18장 13절-20장 6절을 읽고 그 줄거리를 간추려 적어 봅시다.

(3) 예레미야 20장 7-13절을 여러 번 읽고 거기서 새롭게 느낀 점이나 발견한 점을 짧게 적어 봅시다.

(4) 개역개정판 예레미야 20장 7-13절은 '내'가 하나님께 아뢰는 말씀인 7-12절과 '너희'에게 말하는 13절의 두 부분으로 크게 나눌 수 있습니다. 다음 도표의 빈칸에 알맞은 말을 보기에서 찾아 적어 넣으면서 예레미야 20장 7-13절의 흐름과 짜임새를 알아봅시다.

보기: 권유의 까닭, 기원, 신뢰 고백, 찬양 권유, 확신 고백, 탄식

<table>
<tr><td rowspan="8">7-12: 하나님께</td><td rowspan="4">7-10: [ ]</td><td>7전: 나를 억지로 예언자 삼으신 하나님</td></tr>
<tr><td>7후-8: 조롱, 모욕, 치욕 당하는 나</td></tr>
<tr><td>9: 내면의 갈등에 시달리는 '나'</td></tr>
<tr><td>10: '나'를 해치려는 사람들</td></tr>
<tr><td colspan="2">11전:[ ] - '나'와 함께 하시는 하나님</td></tr>
<tr><td colspan="2">11후:[ ] - 실패할 박해자들</td></tr>
<tr><td colspan="2">12전:[ ] - 의로우신 하나님</td></tr>
<tr><td colspan="2">12후:[ ] - 하나님이 보복하시기를!</td></tr>
<tr><td rowspan="2">13: 사람들에게</td><td colspan="2">13전:[ ] - "여호와께 노래하라 … 찬양하라"</td></tr>
<tr><td colspan="2">13후:[ ] - "… 생명을 … 구원하셨음이니라"</td></tr>
</table>

(5) 예레미야 20장 7-13절에 자주 나오거나 중요하게 쓰인 낱말이나 표현을 찾아봅시다.

(6) 이러한 흐름과 짜임새, 또 중요하게 쓰인 낱말이나 표현을 중심으로 예레미야 20장 7-13절에서 무엇을 말하려는지 생각해 보고, 그 가르침을 몇 가지 찾아봅시다.

### 6.4.2. 공동작업 과제

다섯 조 가운데 한 조가 아래 과제의 결과물을 클럽 ……자료실의 '공동작업 과제' 게시판에 ……까지 올리고, 다음 시간에 조마다 전체 앞에서 발표해 봅시다.

**도예 공방 방문 결과 보고**

이천, 여주 등에 있는 도예 공방을 직접 방문하여 여러 가지 질그릇을 만드는 과정을 살펴보면서 도예가와 면담도 하고 사진 등의 자료도 만들어 와서 보고합니다. 그 과정에서 예레미야 18장 1-12절의 내용과 관련하여 느낀 바, 또 발표 준비 과정에서 느끼거나 깨달은 점도 곁들여 봅니다.

# 7. 예레미야 20장 7-13절 공부

## 7.1. 말씀을 향하여

### 7.1.1. 마음 열기

❁ 7.1.1.1. 찬송가, "주님의 귀한 말씀은"(1983년 판 찬송가 238장, → '3.1.1. 악보') 을 다함께 부릅니다.

✐ 7.1.1.2. 묵상기도
하나님 말씀을 전하다가 어떤 어려움을 겪었으며 그 어려움을 어떻게 이겨 낼 수 있었는지 돌이켜 보며 1분 정도 조용히 기도합니다.

### 7.1.2. 돌아보기

❁ 7.1.2.1. 지난주 '6.4.2. 공동작업 과제' 를 맡은 조가 준비한 도예 공방 방문 결과를 발표합니다. 그런 다음에 다른 조에서는 발표한 내용을 보고 들은 느낌을 말합니다.

⇔7.1.2.2. 지난주 공부에서 깨달은 바를 통해 나와 우리의 삶이 어떻게 얼마나 달라졌는지 잠시 옆 사람과 이야기 나누어 봅시다.

### 7.1.3. 생각하기

⇔7.1.3.1. 지난주 '6.4.1. 개인별 과제' 를 하다가 가장 새롭게 깨달은 점을 두고 옆 사람과 잠시 이야기를 나누어 봅시다.

☸ 7.1.3.2. 앞 7.1.3.1.에서 나눈 이야기를 한두 사람이 전체 앞에서 짤막하게 보고합니다.

## 7.2. 말씀 속으로

### 7.2.1. 말씀 읽기

📖 여섯 사람이 앞에 나와서 → '7.2.1. 나누어 읽을 본문' 에 적힌 대로 오늘 함께 공부할 예레미야 20장 7-13절을 ㈎ 7절 전반절, ㈏ 7절 후반절-9절, ㈐ 10절, ㈑ 11절, ㈒ 12절, ㈓ 13절의 여섯 부분으로 나누어 큰 소리로 천천히 읽고, 다른 사람들은 잘 들어 봅시다.

본문을 나누어 읽기 직전에 기도찬송, "주님 우리의 마음을 여시어 말씀을 깨닫게 하옵소서 아멘"(찬송가 637장)을 다함께 부릅니다.

## 7.2.2. 말씀 듣기

❖ 지난주 '6.4.1. 개인별 과제' 에서 (4)(5)(6)을 함께 풀어 봅니다.

7.2.2.1. 개역개정판 예레미야 20장 7-13절은 '내' 가 하나님께 아뢰는 말씀인 7-12절과 '너희' 에게 말하는 13절의 두 부분으로 크게 나눌 수 있습니다. 다음 도표의 빈칸에 알맞은 말을 보기에서 찾아 적어 넣으면서 예레미야 20장 7-13절의 흐름과 짜임새를 알아봅시다(→ 7.2.2.1. 풀이).

보기: 권유의 까닭, 기원, 신뢰 고백, 찬양 권유, 확신 고백, 탄식

<table>
<tr><td rowspan="8">7-12: 하나님께</td><td rowspan="4">7-10: [ ]</td><td>7전: 나를 억지로 예언자 삼으신 하나님</td></tr>
<tr><td>7후-8: 조롱, 모욕, 치욕 당하는 나</td></tr>
<tr><td>9: 내면의 갈등에 시달리는 '나'</td></tr>
<tr><td>10: '나' 를 해치려는 사람들</td></tr>
<tr><td colspan="2">11전:[ ] – '나' 와 함께 하시는 하나님</td></tr>
<tr><td colspan="2">11후:[ ] – 실패할 박해자들</td></tr>
<tr><td colspan="2">12전:[ ] – 의로우신 하나님</td></tr>
<tr><td colspan="2">12후:[ ] – 하나님이 보복하시기를!</td></tr>
<tr><td rowspan="2">13: 사람들에게</td><td colspan="2">13전:[ ] – "여호와께 노래하라 … 찬양하라"</td></tr>
<tr><td colspan="2">13후:[ ] – " … 생명을 … 구원하셨음이니라"</td></tr>
</table>

(5) 예레미야 20장 7-13절에 자주 나오거나 중요하게 쓰인 낱말이나 표현을 찾아봅시다(→ 7.2.2.2. 풀이).

(6) 이러한 흐름과 짜임새, 또 중요하게 쓰인 낱말이나 표현을 중심으로 예레미야 20장 7-13절에서 무엇을 말하려는지 생각해 봅시다(→ 7.2.2.3. 풀이).

### 7.2.3. 말씀 깨닫기

❖ 7.2.3. 예레미야 20장 7-13절의 가르침을 몇 가지 함께 찾아봅시다(→ 7.2.3. 풀이).

🔔 7.2.3.2. 조모임에서 이야기 나눈 것을 조모임 기록자가 → '7.2.3.2. 서식'에 적어 두었다가 전체 앞에서 짧게 보고하고 함께 정리합니다.

## 7.3. 말씀과 함께

❁ 찬송가, "십자가를 내가 지고"(2006년 판 찬송가 341장, 가사는 아래에 있음)를 다함께 부릅니다.

1. 십자가를 내가 지고 주를 따라 갑니다
   이제부터 예수로만 나의 보배 삼겠네
   세상에서 부귀영화 모두 잃어버려도
   주의 평안 내가 받고 영생 복을 받겠네
2. 주도 곤욕 당했으니 나도 곤욕 당하리
   세상 사람 간사하나 예수 진실합니다

예수 나를 사랑하사 빛난 얼굴 보이면
원수들이 미워해도 염려할 것 없겠네
3. 내가 핍박당할 때 주의 품에 안기고
세상 고초 당할수록 많은 위로 받겠네
주가 주신 기쁨 외에 기뻐할 것 무어냐
주가 나를 사랑하니 기뻐할 것 뿐일세. 아멘.

### 7.3.1. 말씀 전하기

❖ 7.3.1.1. 다음 두 가지 가운데 하나를 골라 조모임을 합니다.

(1) 예레미야 20장 7-13절 가운데서 가장 자기 맘에 드는 부분을 골라 왜 그 부분이 맘에 드는지 이야기해 봅시다.

(2) 본문의 내용을 다시 한 번 정독한 후에 예레미야의 심정에 깊이 공감하면서 하나님의 말씀을 전하다가 거부당하고 비난을 받는 선교사의 입장에서 하나님께 드리는 짧은 편지 형식의 글을 함께 써 봅시다.

☸ 7.3.1.2. 다음 두 가지 가운데 하나를 골라서 합니다.

(1) 앞 7.3.1.1. (1) 에서 이야기 나눈 것을 한두 사람이 전체 앞에서 발표합니다.

(2) 앞 7.3.1.1. (2) 에서 함께 쓴 편지문을 전체 앞에서 읽습니다.

### 7.3.2. 말씀대로 살기

❖ 7.3.2.1. 오늘 우리 그리스도인들이 오늘 이 시대에 하나님 말씀의 일꾼으로 살아가려고 할 때 겪는 어려움은 무엇이며 그 어려움을 어떻게 이겨 낼 수 있을지 예레미야 20장 7-13절의 가르침에 비추어 서로 이야기해 봅시다.

🔔 7.3.2.2. 조모임에서 이야기 나눈 것을 조모임 기록자가 → '7.3.2.2. 서식' 에 적어 두었다가 전체 앞에서 간단히 보고하고 함께 정리합니다.

◆ 읽어 볼 만한 글

**시편 22편**

**- 에르네스또 까르데날의 기도문 -**

하나님, 나의 하나님, 어찌 나를 버리시나이까?

나는 세상의 웃음거리 사람들의 조롱거리

신문마다 나를 업신여기고

장갑차들이 나를 에워싸

기관총의 표적 되어 철조망에 갇혀 있나이다.

하루 종일 저들은 명단에서 내 이름 부르고

이 몸에 지워지지 않는 번호를 새겨 넣고

철조망에 갇힌 내 모습 사진에 담았나이다.
X광선 사진에 찍힌 듯 내 뼈는 마다 마디 셀 수 있게 되었고
저들은 내 인격을 올올이 벗겨 내어
벌거벗은 이 몸을 가스실로 데려 갔나이다.
저희끼리 내 옷과 구두를 나눠 가졌나이다.
나는 마취제로 잠재워 달라고 울부짖어 보지만 아무도 듣는 이 없고
가죽조끼 입혀져 신음하는 이 몸
정신병동에 갇혀 밤 새워 흐느끼는 이 몸
사망 선고 내려진 환자의 병동에서
전염병 환자의 격리 수용소에서
양로원의 마루에서 흐느끼는 이 몸
정신과 의사 앞에서 땀에 젖어 몸부림치나이다.
이 몸은 산소 천막에서 질식하고
경찰서 보충대에서
고문실에서 눈물 흘리나이다.
이 몸은 방사선에 오염되어
오염될까 겁이 나 곁에 오는 이 하나 없나이다.
그러나 이 몸은 이웃에게 당신을 전하며
사람들이 모이는 곳마다에서 당신을 찬미하겠나이다.
뭇 백성 가운데 당신 찬양하는 내 노래 울려 퍼지고

가난한 사람들 잔치 베풀어
온 백성 큰 축제로 기뻐 날뛰는

새로운 세대가 탄생할 것이 오이다.

- 김남조, 『이제와 우리 죽을 때에』(서울: 홍성사, 1983), 226-228쪽에서

### 7.3.3. 다짐하기

☸ 7.3.3.1. 함께 예레미야 20장 7-13절을 인도자가 천천히 소리 내어 읽은 뒤에 다 함께 찬송 "이 말씀 따라 사는 동안"(류형선 글 · 가락, → '1.3.1. 악보')을 부릅니다.

☸ 7.3.3.2. 오늘 공부한 내용을 생각하면서 각자의 다짐을 한 문장의 짧은 기도문으로 → '7.3.3.2. 서식'에 적어 넣습니다. 그런 다음에 오늘 조모임을 이끈 사람이 그 공동 기도문을 하나로 묶어 다 읽고 "예수님 이름으로 기도합니다. 아멘."이라고 하면, 다른 조의 사람들은 함께 기도찬송, "우리들의 소원을 들어주옵소서. 아멘."(채일손 글 · 가락, → '1.3.2. 악보')을 부름으로써 응답합니다.

### ✎7.4.1. 개인별 과제

아래 과제에 대한 답을 A4 한 쪽 분량으로 인터넷 클럽 ……자료실의 '개인별 과제' 게시판에 ……까지 올립니다.

(1) 예레미야 20장 7-13절 공부에서 깨달은 가르침을 한 주간 동안 묵상하고 실천하는 과정에서 느끼게 된 문제점이나 경험을 짤막하게 적어 봅시다.

(2) 예레미야 20장 14절-23장 24절을 읽고 그 줄거리를 간추려 적어 봅시다.

(3) 예레미야 23장 25-32절을 여러 번 읽고 거기서 새롭게 느낀 점이나 발견한 점을 짧게 적어 봅시다.

<table>
<tr><td colspan="3">25: 하나님 들으신 말 -</td></tr>
<tr><td rowspan="2">26-27:<br>하나님의 탄식</td><td colspan="2">26:</td></tr>
<tr><td colspan="2">27:</td></tr>
<tr><td rowspan="2">28-29:<br>꿈과 말씀</td><td colspan="2">28:</td></tr>
<tr><td colspan="2">29:</td></tr>
<tr><td rowspan="4">30-32:<br>거짓 예언자들을<br>치실 뜻을 밝히심</td><td rowspan="3">30-32전:<br>치실 대상</td><td>30:</td></tr>
<tr><td>31:</td></tr>
<tr><td>32전:</td></tr>
<tr><td colspan="2">32후: 까닭 -</td></tr>
</table>

(4) 다음 도표의 빈칸에 해당하는 부분의 내용을 간략히 줄여 적어 넣으면서 예레미야 23장 25-32절의 흐름과 짜임새를 알아봅시다.

(5) 예레미야 23장 25-32절에 자주 나오거나 중요하게 쓰인 낱말이나 표현을 찾아봅시다.

(6) 이러한 흐름과 짜임새, 또 중요하게 쓰인 낱말이나 표현을 중심으로 예레미야 23장 25-32절에서 무엇을 말하려는지 생각해 보고, 그 가르침을 몇 가지 찾아봅시다.

### 7.4.2. 공동작업 과제

다섯 조 가운데 한 조에서 아래 과제를 맡아 그 결과물을 인터넷 클럽 ……자료실의 '공동작업 과제' 게시판에 ……까지 올립니다.

**이 시대 예레미야의 고백문 만들기**

오늘 신학생이나 부교역자나 여성 교역자가 말씀의 일꾼으로 일하며 살아가는 동안 겪는 안팎의 어려움을 생각하며, 예레미야에 들어 있는 다섯 고백문(11:18-12:6; 15:10-21; 17:12-18; 18:18-23; 20:7-18)에 기대어 한 편의 긴 고백문을 만들어 다음 시간에 3-5분 동안 전체 앞에서 발표합니다.

(1) 예레미야의 고백 다섯 본문을 찬찬히 잘 읽으면서 다섯 본문에 공통된 점과 서로 다른 점을 찾아봅니다.

(2) 다섯 본문에 들어 있는 여러 가지 구성 요소(하나님을 향한 탄식, 박해자들에 대한 탄식, 자신의 곤경 묘사, 신뢰 고백, 자신을 위하 기원, 박해자들을 벌해 달라는 기원 등)을 활용하여 각 구성 요소별로 나누어 오늘 말씀의 일꾼들이 부딪치는 어려움을 둘러싼 여러 가지 문제를 글로 써 봅니다.

(3) 전체를 한데 모아 읽으면서 함께 다듬습니다. 전체 앞에서 고백문을 읽을 때는 여러 사람이 나누어 읽을 수도 있습니다.

# 8. 예레미야 23장 25절-32절 공부

## 8.1. 말씀을 향하여

### 8.1.1. 마음 열기

☸ 8.1.1.1. 찬송가, "주의 말씀 듣고자"(1967년 판 개편찬송가 334장, → '1.1.1. 악보')를 함께 부릅니다.

ꝺ 8.1.1.2. 묵상기도
그동안 만났던 교역자들 가운데 내가 누구를 존경했으며 누구를 존경할 수 없었든지 돌이켜 보면서 1분 정도 조용히 기도합니다.

### 8.1.2. 돌아보기

☸ 8.1.2.1. 지난주 '7.4.2. 공동작업 과제'를 맡은 조가 준비한 고백문을 발표합니다. 그런 다음에 다른 조에서는 발표한 내용을 들은 느낌을 이야기합니다. 발표한 조에

속한 몇 사람이 고백문을 함께 만들면서 느낀 점을 말해 봅니다.

⇔8.1.2.2. 지난주 공부에서 깨달은 바를 통해 나와 우리의 삶이 어떻게 얼마나 달라졌는지 잠시 옆 사람과 이야기 나누어 봅시다.

### 8.1.3. 생각하기

⇔8.1.3.1. 지난주 '7.4.1. 개인별 과제' 를 하다가 가장 새롭게 깨달은 점을 두고 옆 사람과 잠시 이야기를 나누어 봅시다.

☸ 8.1.3.2. 앞 8.1.3.1.에서 나눈 이야기를 한두 사람이 전체 앞에서 짤막하게 보고 합니다.

## 8.2. 말씀 속으로

### 8.2.1. 말씀 읽기

🕮 두 사람이 앞에 나와서 → '8.2.1. 나누어 읽을 본문' 에 적힌 대로 오늘 함께 공부할 예레미야 23장 25-32절을 ㈎ 하나님과 ㈏ 예언자의 역할을 맡아 나누어 큰 소리로 천천히 읽고 다른 사람들은 잘 들어 봅시다.

본문을 나누어 읽기 직전에 기도찬송, "주님 우리의 마음을 여시어 말씀을 깨닫게 하옵소서 아멘"(찬송가 637장)을 다함께 부릅니다.

### 8.2.2. 말씀 듣기

❖ 지난주 '7.4.1. 개인별 과제' 에서 (3)(4)(5)를 함께 풀어 봅니다.

8.2.2.1. 다음 도표의 빈칸에 해당하는 부분의 내용을 간략히 줄여 적어 넣으면서 예레미야 23장 25–32절의 흐름과 짜임새를 알아봅시다(→ 8.2.2.1. 풀이).

<table>
<tr><td colspan="3">25: 하나님 들으신 말 –</td></tr>
<tr><td rowspan="2">26–27:<br>하나님의 탄식</td><td colspan="2">26:</td></tr>
<tr><td colspan="2">27:</td></tr>
<tr><td rowspan="2">28–29:<br>꿈과 말씀</td><td colspan="2">28:</td></tr>
<tr><td colspan="2">29:</td></tr>
<tr><td rowspan="4">30–32:<br>거짓 예언자들을<br>치실 뜻을 밝히심</td><td rowspan="3">30–32전:<br>치실 대상</td><td>30:</td></tr>
<tr><td>31:</td></tr>
<tr><td>32전:</td></tr>
<tr><td colspan="2">32후: 까닭 –</td></tr>
</table>

8.2.2.2. 예레미야 23장 25–32절에 자주 나오거나 중요하게 쓰인 낱말이나 표현을 찾아봅시다(→ 8.2.2.2. 풀이).

8.2.2.3. 이러한 흐름과 짜임새, 또 중요하게 쓰인 낱말이나 표현을 중심으로 예레미야 23장 25-32절에서 무엇을 말하려는지 생각해 봅시다(→ 8.2.2.3. 풀이).

### 8.2.3. 말씀 깨닫기

❖ 아래 두 물음을 참고하면서 예레미야 23장 25-32절의 가르침을 몇 가지 함께 찾아봅시다(→ 8.2.3.2. 풀이).

8.2.3.1. 창세기 41장 25절, 민수기 12장 6절, 신명기 13장 1절, 사무엘상 28장 6절, 다니엘 2장 28절에 나오는 꿈과 예레미야 23장 25-32절의 꿈은 어떻게 다른지 살펴봅시다(→ 8.2.3.1. 풀이).

8.2.3.2. 그밖에도 본문에서 새롭게 깨달은 것이 있으면 이야기 나누어 봅시다.

🔔 8.2.3.3. 조모임에서 이야기 나눈 것을 조모임 기록자가 → '8.2.3.3. 서식' 에 적어 두었다가 전체 앞에서 짧게 보고하고 함께 정리합니다.

## 8.3. 말씀과 함께

❁ 찬송가, "주 날 불러 이르소서"(2006년 판 찬송가 329장, 가사는 아래에 있음)를 다함께 부릅니다.

1. 주 날 불러 이르소서 말씀대로 전하리라
   나 주님의 뜻을 따라 길 잃은 양 찾으리다
2. 주 날 인도하옵소서 나도 남을 인도하리
   주 말씀에 주린 양떼 다 먹이게 하옵소서
3. 저 든든한 반석 위에 날 세우사 힘 주소서
   내 손을 펴 물에 빠진 저 무리를 건지리다
4. 내 주 얼굴 뵙기까지 주님 나를 도우소서
   이 천한 몸 받으셔서 주 뜻대로 쓰옵소서. 아멘.

### 8.3.1. 말씀 전하기

❖ 8.3.1.1. 어떤 선후배 교역자나 평신도 지도자가 하나님의 뜻과 관련 없는 사람의 꿈으로 하나님의 말씀이라고 우기면서 남들을 잘못된 길로 이끌어 갈 경우에 그에게 그리해서는 안 된다고 말해 본 적이 있는지, 말하고 싶었지만 말하지 못한 적이 있는지 돌이켜 보고, 예레미야 23장 25-32절의 가르침을 중심으로 간곡히 권고하는 말해 봅시다.

❁ 8.3.1.2. 앞 8.3.1.1.에서 이야기 나눈 것을 한두 사람이 전체 앞에서 발표합니다.

### 8.3.2. 말씀대로 살기

❖ 8.3.2.1. 교역자나 교회 지도자들이 자기가 품고 있는 꿈이 하나님이 주신 꿈인지, 아니면 자기 욕심에서 나온 꿈인지를 어떻게 분별할 수 있을지 이야기 나누어 봅시다. 아래의 읽어 볼 만한 글을 참고하여 함께 이야기해 봅시다.

◆ 읽어 볼 만한 글

## 하나님의 뜻을 분별하는 사람들

1967년 월남전이 한창일 무렵 뉴욕의 제임스타운(Jamestown)에서 퀘이커교도 중 한 지도자가 공개적으로 월남전의 부당함을 지적하면서 종전을 주장하였다. 이 이야기가 보수적인 지역주민들에게 알려지자 격분한 이들이 밤중에 몰래 퀘이커교도들의 집회장소(meetinghouse) 벽에다가 페인트로 "우리는 반역자, 매국노, 빨갱이들과 협상할 수 없다"라는 글자를 써 놓았다.

이 사실을 알게 된 퀘이커교도들은 이 문제를 수습하기 위하여 회의를 소집했다. 퀘이커교도들은 모임(meeting) 이라는 말을 많이 사용하는데, 예배는 "예배모임"(meetings for worship), 회의는 "실무모임"(meetings for business)이라는 용어를 사용한다. 이제 당면한 문제를 해결하기 위하여 이들은 성령께서 그 곳에서 역사하시기를 기다리면서 침묵으로 실무모임을 시작하였다. 그리고 그들은 개인들의 좁은 관심을 넘어서서 공동체라는 맥락 안에서 다른 사람의 심령 속에도 임재하시는 성령의 인도하심을 받아들이도록 침묵의 시간을 가졌다. 한 개인의 의견을 관철시키겠다는 의지를 미리 버리게 해 달라고 기도하였다.

침묵이 끝나자 그곳에 참가한 사람들이 각자 진지하게 그 문제에 대하여 자신들의 의견을 나누었다. 자신들의 집회장소 벽을 훼손한 이 사건을 어떻게 대처할 것인가에 대한 여러 방안들이 나왔다. 의견은 크게 두 가지 방향으로 나누어졌다. 첫째는 페인트로 낙서한 사람들을 공개적으로 비판해야 한다는 의견이었다. 둘째는, 공개적으로 비판해서는 안 된다는 의견이었다. 여러 가지 토론이 계속 되는 가운데 감정이 달아오르기도 하였다. 그러나 그때마다 서기 역할을 맡은 사람이 여러 차례 그 감정을 가라앉히기 위하여 그들을 침묵시간으로 인도하였다. 마침내 어떤 사람이 집회장소 주위의 지역 이웃들을 초대해서 그 낙서를 지우도록 하자고 제안을 하였다. 이것은, 한편으로 공개적으로 이러한 파괴행위(vandalism)에 대한 주의를 집중시키는 반면, 낙서한 사람들을 공개적으로는 비판하지 말자는 의견이었다.

다시 토의를 거쳐 마침내 이 안이 채택되고 지역신문에 다음과 같은 광고를 내었다. "집회장소 벽을 다시 원상회복시키는 데 참여할 사람들과 베트남전쟁에 반대하는 사람들을 함께 초대합니다." 그 다음 주에 약 200여 명 이상의 사람들이 훼손된 퀘이커교도들의 집회장소 벽에 다시 페인팅 작업을 하는 일에 자원하여 참여하였다. 그 중에는 월남전을 반대하는 퀘이커교도들과 의견을 달리하는 사람들도 많이 있었다.

- Frank Rogers Jr., "Discernment," Dorothy Bass (ed.), *Practicing Our Faith* (San Francisco: Jossey-Bass Publishers, 1997), 111-112쪽에서 장신근이 뽑아 우리말로 옮김

8.3.2.2. 조모임에서 이야기 나눈 것을 조모임 기록자가 → '8.3.2.2. 서식' 에 적어 두었다가 전체 앞에서 간단히 보고하고 함께 정리합니다.

### 8.3.3. 다짐하기

8.3.3.1. 다함께 찬송 "이 말씀 따라 사는 동안"(류형선 글 · 가락, → '1.3.1. 악보' )을 부릅니다.

8.3.3.2. 오늘 공부한 내용을 생각하면서 각자의 다짐을 한 문장의 짧은 기도문으로 → '8.3.3.2. 서식' 에 적어 넣습니다. 그런 다음에 오늘 조모임을 이끈 사람이 그 공동 기도문을 하나로 묶어 다 읽고 "예수님 이름으로 기도합니다. 아멘."이라고 하면, 다른 조의 사람들은 함께 기도찬송, "우리들의 소원을 들어주옵소서. 아멘."(채일손 글 · 가락, → '1.3.2. 악보' )을 부름으로써 응답합니다.

### ✐8.4.1. 개인별 과제

아래 과제에 대한 답을 A4 한 쪽 분량으로 인터넷 클럽 ……자료실의 '개인별 과제' 게시판에 ……까지 올립니다.

(1) 예레미야 23장 25-32절 공부에서 깨달은 가르침을 한 주간 동안 묵상하고 실천하는 과정에서 느끼게 된 문제점이나 경험을 짤막하게 적어 봅시다.

(2) 예레미야 23장 33절-31장 14절을 읽고 그 줄거리를 간추려 적어 봅시다.

(3) 예레미야 31장 15-20절을 여러 번 읽고 거기서 새롭게 느낀 점이나 발견한 점을 짧게 적어 봅시다.

(4) 아래 도표의 [ ]에 해당 절수를 보기에서 찾아 적어 넣으면서 예레미야 31장 15-20절의 흐름과 짜임새를 알아봅시다.

보기: 15-17, 18-20, 15전상, 15전하-후, 15전하, 후, 16전, 16전-17, 18전상, 18전하-19, 18전하, 18후상, 18후하, 19, 20, 20전상, 20전하-후상, 20후하

<table>
<tr><td rowspan="5">[ ]:<br>라헬의 하나님</td><td rowspan="3">[ ]: 라헬</td><td colspan="2">[ ]: 도입 – 들리는 통곡 소리</td></tr>
<tr><td rowspan="2">[ ]:<br>라헬의 통곡</td><td>[ ]: 자식 때문에</td></tr>
<tr><td>[ ]: 심각함 – 위로 거절</td></tr>
<tr><td rowspan="2">[ ]: 하나님</td><td colspan="2">[ ]: 위로 – 그만 울어라!</td></tr>
<tr><td colspan="2">[ ]: 약속 – 자녀들이 돌아오리라!</td></tr>
<tr><td rowspan="8">[ ]:<br>에브라임의<br>하나님</td><td rowspan="5">[ ]: 에브라임</td><td colspan="2">[ ]: 도입 – 하나님이 들으심</td></tr>
<tr><td rowspan="4">[ ]:<br>에브라임의 탄식</td><td>[ ]: 고난 감수 – 징벌</td></tr>
<tr><td>[ ]: 신앙 고백</td></tr>
<tr><td>[ ]: 기원 – 돌이키소서</td></tr>
<tr><td>[ ]: 뉘우침 고백</td></tr>
<tr><td rowspan="3">[ ]: 하나님</td><td colspan="2">[ ]: 에브라임과 '나'의 관계 확인</td></tr>
<tr><td colspan="2">[ ]: 에브라임을 향한 마음</td></tr>
<tr><td colspan="2">[ ]: 에브라임에 대한 조치 결심</td></tr>
</table>

(5) 예레미야 31장 15-20절에 자주 나오거나 중요하게 쓰인 낱말이나 표현을 찾아봅시다.

(6) 예레미야 31장 15-20절의 흐름과 짜임새, 중요한 낱말이나 표현을 살펴보면서 예레미야 31장 15-20절이 무엇을 말하려는지 생각해 보고, 그 가르침을 몇 가지 찾아봅시다.

### 8.4.2. 공동작업 과제

다섯 조 가운데 한 조에서 아래 과제를 맡아 그 결과물을 인터넷 클럽 ……자료실의 '공동작업 과제' 게시판에 ……까지 올리고 다음 시간 첫머리에 7-8분 동안 발표해 봅시다.

**영상물 제작과 발표**

예레미야 23장 9-33절의 표현 형식과 내용에 기대어, 신학도의 입장에서 오늘 한국 교회의 잘못된 선배 교역자들의 각성을 촉구하는 영상물을 만들어 발표합니다.

(1) 예레미야 23장 9-33절을 여러 번역본으로 여러 번 읽고 그 흐름과 짜임새와 중심 내용을 잘 이해합니다. 필요하면 주석서도 참고합니다.

(2) 오늘 한국 교회의 잘못된 교역자들의 모습을 몇 가지 주제로 나누어 다룹니다.

(3) 관련 자료(신문, 잡지, 논문, 인터뷰, 사진 등)를 모아 엮습니다.

(4) 배경 음악 등도 넣어 만든 영상물을 함께 보며 보완합니다.

# 9. 예레미야 31장 15-20절 공부

## 9.1. 말씀을 향하여

### 9.1.1. 마음 열기

☸ 9.1.1.1. 찬송가, "주의 말씀 듣고자"(1967년 판 개편찬송가 334장, → '1.1.1. 악보')를 함께 부릅니다.

ℬ 9.1.1.2. 묵상기도
열심히 예배에는 힘쓰나 삶에서는 정의롭지 못한 사람들을 하나님이 어떻게 보실지 생각하면서 1분 정도 조용히 기도합니다.

### 9.1.2. 돌아보기

☸ 9.1.2.1. 지난주 '8.4.2. 공동작업 과제'를 맡은 조가 준비한, 오늘한국 교회의 잘못된 선배 교역자들의 각성을 촉구하는 영상물을 7-8분 동안 발표합니다. 이를 들은

느낌을 한두 사람이 전체 앞에서 말해 봅시다. 준비한 조에서는 한 사람이, 준비하는 과정과 준비하면서 느낀 점 등을 두고 짧게 보고합니다.

⇔9.1.2.2. 지난주 공부에서 깨달은 바를 통해 나와 우리의 삶이 어떻게 얼마나 달라졌는지 잠시 옆 사람과 이야기 나누어 봅시다.

### 9.1.3. 생각하기

⇔9.1.3.1. 지난주 '8.4.1. 개인별 과제'를 하다가 가장 새롭게 깨달은 점을 두고 옆 사람과 잠시 이야기를 나누어 봅시다.

☸ 9.1.3.2. 앞 9.1.3.1.에서 나눈 이야기를 한두 사람이 전체 앞에서 짧게 말해 보고합니다.

## 9.2. 말씀 속으로

### 9.2.1. 말씀 읽기

🕮 세 사람이 앞에 나와 → '9.2.1. 나누어 읽을 본문'에 적힌 대로, 예레미야 31장 15-20절을 ㈎ 예언자, ㈏ 하나님, ㈐ 에브라임의 역할을 나누어 맡아 천천히 읽고, 다

른 사람들은 잘 들어 봅시다.

본문을 나누어 읽기 직전에 기도찬송, "주님 우리의 마음을 여시어 말씀을 깨닫게 하옵소서 아멘"(찬송가 637장)을 다함께 부릅니다.

### 9.2.2. 말씀 듣기

❖ 지난주 '8.4.1. 개인별 과제' 에서 (4)(5)(6)을 함께 풀어 봅니다.

9.2.2.1. 아래 도표의 [ ]에 해당 절수를 보기에서 찾아 적어 넣으면서 예레미야 31장 15-20절의 흐름과 짜임새를 알아봅시다(→ 9.2.2.1. 풀이).

보기: 15-17, 18-20, 15전상, 15전하-후, 15전하, 후, 16전, 16전-17, 18전상, 18전하-19, 18전하, 18후상, 18후하, 19, 20, 20전상, 20전하-후상, 20후하

<table>
<tr><td rowspan="5">[ ]:<br>라헬의 하나님</td><td rowspan="3">[ ]: 라헬</td><td colspan="2">[ ]: 도입 – 들리는 통곡 소리</td></tr>
<tr><td rowspan="2">[ ]:<br>라헬의 통곡</td><td>[ ]: 자식 때문에</td></tr>
<tr><td>[ ]: 심각함 – 위로 거절</td></tr>
<tr><td rowspan="2">[ ]: 하나님</td><td colspan="2">[ ]: 위로 – 그만 울어라!</td></tr>
<tr><td colspan="2">[ ]: 약속 – 자녀들이 돌아오리라!</td></tr>
<tr><td rowspan="4">[ ]:<br>에브라임의<br>하나님</td><td rowspan="4">[ ]: 에브라임</td><td colspan="2">[ ]: 도입 – 하나님이 들으심</td></tr>
<tr><td rowspan="3">[ ]:<br>에브라임의 탄식</td><td>[ ]: 고난 감수 – 징벌</td></tr>
<tr><td>[ ]: 신앙 고백</td></tr>
<tr><td>[ ]: 기원 – 돌이키소서</td></tr>
</table>

| | | | |
|---|---|---|---|
| | | | [ ]: 뉘우침 고백 |
| | [ ]: 하나님 | [ ]: 에브라임과 '나'의 관계 확인 | |
| | | [ ]: 에브라임을 향한 마음 | |
| | | [ ]: 에브라임에 대한 조치 결심 | |

9.2.2.2. 예레미야 31장 15-20절에 자주 나오거나 중요하게 쓰인 낱말이나 표현을 찾아봅시다(→ 9.2.2.2. 풀이).

◆ 참고

1. 라헬과 에브라임

에브라임은 야곱과 라헬의 아들 요셉의 작은 아들이므로(창 41:52), 에브라임은 라헬의 손자입니다. 야곱의 열두 아들 가운데 레위는 나중에 12지파를 헤아릴 때 빠지고 그 대신에 요셉의 두 아들인 므낫세와 에브라임과 삼촌들과 나란히 각각 한 지파의 조상이 됩니다. 그 가운데서 에브라임 지파는 북왕국 이스라엘의 중심 지파가 됩니다. 여호수아와 여로보암 1세가 에브라임 지파 출신입니다. 이리하여 예언서에서 에브라임은 흔히 북왕국의 조상으로 나타나고 실제로는 북왕국을 상징하는 이름으로 쓰이는 수가 많습니다(사 7:8-9; 호 4:17; 슥 9:10 등).

2. 라마

라헬이 죽어 장사된 곳으로 창세기 35장 19절과 48장 7절에서는 베들레헴 가까운 곳을 말하는 것과는 달리 사무엘상 10장 2절에서는 라헬은 베냐민 땅에 있는 라마 가까운 곳을 말합니다. 예레미야 31장 15절에서는 아마도 라마에 라헬의 무덤이 있는 것으로 본 듯합니다.

9.2.2.3. 예레미야 31장 15-20절의 흐름과 짜임새, 중요한 낱말이나 표현을 살펴보면서 예레미야 31장 15-20절이 무엇을 말하려는지 생각해 봅시다(→ 9.2.2.3. 풀이).

### 9.2.3. 말씀 깨닫기

❖ 아래 두 물음도 참고하면서 예레미야 31장 15-20절의 가르침을 몇 가지 함께 찾아봅시다(→ 9.2.3.2. 풀이).

9.2.3.1. 20절에서 "그를 위하여 내 창자가 들끓으니"라고 하신 말씀이 무엇을 뜻하는지 생각해 봅시다(→ 9.2.3.1. 풀이).

9.2.3.2. 그밖에도 본문에서 새롭게 깨달은 것이 있으면 이야기 나누어 봅시다.

🔔 9.2.3.2. 조모임에서 이야기 나눈 것을 조모임 기록자가 → '9.2.3.2. 서식' 에 적어 두었다가 전체 앞에서 짧게 보고하고 함께 정리합니다.

# 9.3. 말씀과 함께

☸ 찬송가, "하나님 사랑은"(2006년 판 찬송가 299장, 가사는 아래에 있음)을 다함께 부릅니다.

1. 하나님 사랑은 온전한 참 사랑
   내 맘에 부어 주시사 충만케 하소서
2. 내 주님 참 사랑 햇빛과 같으니
   그 사랑 내게 비추사 뜨겁게 하소서
3. 그 사랑 앞에는 풍파도 그치며
   어두운 밤도 환하니 그 힘이 크도다
4. 하나님 사랑은 온전한 참 사랑
   내 맘과 영에 채우사 새 힘을 주소서. 아멘.

## 9.3.1. 말씀 전하기

❖ 9.3.1.1. 지난날 자신들이 저지른 잘못 때문에 벌을 받아 멀리 원수의 땅에 사로잡혀 간 자녀들이나 후손들을 생각하며 위로받을 길 없이 통곡하는 어머니나 할머니가 나라 안팎에 없는지 살펴보고 그런 분에게 예레미야 31장 15-17절의 가르침을 무슨 말을 어떻게 할 수 있을지 이야기 나누어 봅시다.

☸ 9.3.1.2. 앞 9.3.1.1.에서 말해 본 것을 한두 사람이 전체 앞에서 발표합니다.

### 9.3.2. 말씀대로 살기

❖ 9.3.2.1. 오늘 우리 그리스도인들이, 지난날 선배 그리스도인들이 저지른 잘못 때문에 교회 공동체가 망가지고 그리스도인들이 세속 권력에 시달리며 힘들게 살 때 무슨 말씀으로 하나님께 아뢸 수 있을지, 그런 우리를 향해 하나님이 무엇이라고 하실지 이야기 나누어 봅시다.

🔔 9.3.2.2. 조모임에서 이야기 나눈 것을 조모임 기록자가 → '9.3.2.2. 서식' 에 적어 두었다가 전체 앞에서 간단히 보고하고 함께 정리합니다.

◆ 읽어 볼 만한 글

**하나님의 고통**

"[일본의 루터교 신학자] 기타모리는 '하나님의 고통' 이라는 용어를 일본어역 예레미야 31:20("내 마음이 측은한즉")의 말씀에서 찾아냈다. 하마(hamah)라는 히브리어 동사는 인간의 마음이 고통스런 상황 속에서 몹시 괴로워하고, 슬퍼하며 신음하는 것들을 말한다. 그는 이러한 마음의 상태를 하나님에게로 확대시키고 있다. 기타모리는 서구 기독교가 헬라 철학의 영향을 받아 하나님은 고통을 받지 않는다고 하는 사상을 고수하는 데 대해 비판적이었다. 그의 신학적 과제들 중의 하나는 "고통을 모르시는 하나님" 을 주장하는 신학을 설득하는 것이고, 둘째로 그 모든 것을 포용하는 하나님의 성품 속에 하나님의 고통을 포함시키는 것이었다. 모든

> 것을 포용하는 하나님은 "품어서는 안 될 사람들을 완전하게 품으시는 하나님" - 즉 "고통 속에 계신 하나님!"이다. 하나님의 고통을 통해서 하나님은 인간의 고통을 해결해 주시고, 하나님 자신의 고통을 통해서 예수 그리스도는 인간의 상처를 치료해 주신다. 그러면 하나님은 어떻게 인간의 고통을 치유해 주시는가? 기타모리는 우리들 자신이 하나님의 고통에 동참함으로써 하나님이 우리를 치유해 주신다고 믿는다.
>
> - 박승호, 『상처받은 하나님의 마음』(서울: 대한기독교서회, 1998), 175쪽에서

### 9.3.3. 다짐하기

❁ 9.3.3.1. 다함께 찬송 "이 말씀 따라 사는 동안"(류형선 글 · 가락, → '1.3.1. 악보')을 부릅니다.

❁ 9.3.3.2. 오늘 공부한 내용을 생각하면서 각자의 다짐을 한 문장의 짧은 기도문으로 → '9.3.3.2. 서식' 에 적어 넣습니다. 그런 다음에 오늘 조모임을 이끈 사람이 그 공동 기도문을 하나로 묶어 다 읽고 "예수님 이름으로 기도합니다. 아멘."이라고 하면, 다른 조의 사람들은 함께 기도찬송, "우리들의 소원을 들어주옵소서. 아멘."(채일손 글 · 가락, → '1.3.2. 악보')을 부름으로써 응답합니다.

## ✐ 9.4. 개인별 과제

아래 과제에 대한 답을 A4 한 쪽 분량으로 인터넷 클럽 ……자료실의 '개인별 과제' 게시판에 ……까지 올립니다.

(1) 예레미야 31장 15-20절 공부에서 깨달은 가르침을 한 주간 동안 묵상하고 실천하는 과정에서 느끼게 된 문제점이나 경험을 짤막하게 적어 봅시다.

(2) 예레미야 31장 21-30절을 읽고 그 줄거리를 간추려 적어 봅시다.

(3) 예레미야 31장 31-34절을 여러 번 읽고 거기서 새롭게 느낀 점이나 발견한 점을 짧게 적어 봅시다.

(4) 예레미야 31장 31-34절 각 절에 작은 제목을 붙여 보면서 이 넉 절 본문의 흐름과 짜임새를 살펴봅시다.

(5) 예레미야 31장 31-34절에 자주 나오거나 중요하게 쓰인 낱말이나 표현을 찾아봅시다.

◆ 참고

절마다 들어 있는 "여호와의 말씀이니라"의 자리가 히브리어 성경에서는 32절을 빼고는 다릅니다. 31절에서는 "보라 날이 이르리니"와 "내가 이스라엘 집과 … 맺으리라" 사이에, 33절에서는 "… 언약은 이러하니"와 "곧 내가 나의 법을" 사이에, 34절에서는 "… 알기 때문이라"와 "내가 그들의 악행을" 사이에 있습니다.

(6) 예레미야 31장 31-34절의 흐름과 짜임새, 또 이 본문에서 중요한 낱말이나 표현을 살펴보면서 예레미야 31장 31-34절이 무엇을 말하려는지 생각해 보고, 그 가르침을 몇 가지 찾아봅시다.

# 10. 예레미야 31장 31-34절 공부

## 10.1. 말씀을 향하여

### 10.1.1. 마음 열기

☸ 10.1.1.1. 찬송가, “사랑의 하늘 아버지”(1983년 판 찬송가 239장)를 함께 부릅니다.

✐ 10.1.1.2. 묵상기도

내가 지금까지 하나님의 일을 맡아 한 진정한 동기가 무엇이었는지 돌이켜 보면서 1분 정도 조용히 기도합니다.

### 10.1.2. 돌아보기

⇔ 지난주 공부에서 깨달은 바를 통해 나와 우리의 삶이 어떻게 얼마나 달라졌는지 잠시 옆 사람과 이야기 나누어 봅시다.

### 10.1.3. 생각하기

⇔ 10.1.3.1. 지난주 '9.4. 개인별 과제'를 하다가 가장 새롭게 깨달은 점을 두고 옆 사람과 잠시 이야기를 나누어 봅시다.

☸ 10.1.3.2. 앞 10.1.3.1.에서 나눈 이야기를 한두 사람이 전체 앞에서 짤막하게 보고합니다.

## 10.2. 말씀 속으로

### 10.2.1. 말씀 읽기

🕮 두 사람이 앞에 나와서 오늘 함께 공부할 아모스 7장 10-17절을 → '10.2.1. 나누어 읽을 본문'에 적힌 대로 ㈎ 예언자, ㈏ 하나님의 역할을 나누어 맡아 큰 소리로 천천히 읽고, 다른 사람들은 잘 들어 봅시다.

본문을 나누어 읽기 직전에 기도찬송, "주님 우리의 마음을 여시어 말씀을 깨닫게 하옵소서 아멘"(찬송가 637장)을 다함께 부릅니다.

### 10.2.2. 말씀 듣기

❖ 지난주 '9.4. 개인별 과제'에서 (4)(5)(6)을 함께 풀어 봅니다.

10.2.2.1. 예레미야 31장 31-34절 각 절에 작은 제목을 붙여 보면서 이 넉 절 본문의 흐름과 짜임새를 살펴봅시다(→ 10.2.2.1. 풀이).

10.2.2.2. 예레미야 31장 31-34절에 자주 나오거나 중요하게 쓰인 낱말이나 표현을 찾아봅시다(→ 10.2.2.2. 풀이).

10.2.2.3. 예레미야 31장 31-34절의 흐름과 짜임새, 또 이 본문에서 중요한 낱말이나 표현을 살펴보면서 예레미야 31장 31-34절이 무엇을 말하려는지 생각해 봅시다(→ 10.2.2.3. 풀이).

### 10.2.3. 말씀 깨닫기

❖ 아래 세 물음도 참고하면서 예레미야 31장 31-34절의 가르침을 몇 가지 함께 찾아봅시다(→ 10.2.3.3. 풀이).

10.2.3.1. 출애굽기 19장 5-6절과 예레미야 11장 10절에 비추어 볼 때 예레미야 31장 32절에서 하나님이 출애굽 때 이스라엘과 맺은 언약을 이스라엘의 조상들이 깨뜨렸다고 하신 까닭은 무엇인지 생각해 봅시다(→ 10.2.3.1. 풀이).

10.2.3.2. 예레미야 31장 33절에서 하나님이 백성의 마음에 당신의 법을 기록해 주시겠다고 하신 까닭이 무엇인지 예레미야 13장 23절과 에스겔 36장 26절에 비추어 생각해 봅시다(→ 10.2.3.2. 풀이).

10.2.3.3. 그밖에도 본문에서 새롭게 깨달은 것이 있으면 이야기 나누어 봅시다.

🔔 10.2.3.4. 조모임에서 이야기 나눈 것을 조모임 기록자가 → '10.2.3.4. 서식' 에 적어 두었다가 전체 앞에서 짧게 보고하고 함께 정리합니다.

## 10.3. 말씀과 함께

☸ 찬송가, "아버지의 나의 맘을"(2006년 판 찬송가 424장, 가사는 아래에 있음)을 다함께 부릅니다.

1. 아버지여 나의 맘을 맡아 주관하시고
   완악하고 교만한 것 변케 하여 주소서
2. 온유하고 겸손하여 화평하게 하시고
   망령되고 악한 일을 물리치게 하소서
3. 하나님의 은총 속에 나를 보호하시고
   주의 사랑 줄이 되어 나를 매어주소서
4. 구세주의 흘린 피로 죄를 씻어 주시고
   성령이여 하늘 길로 나를 인도하소서. 아멘.

### 10.3.1. 말씀 전하기

❖ 10.3.1.1. 예레미야 31장 31-34절 전체나 그 중 한 부분을 본문으로 정하여 즉석에서 1분 설교를 해 봅시다.

❁ 10.3.1.2. 앞 10.3.1.1.에서 설교한 것을 한두 사람이 전체 앞에서 발표합니다.

### 10.3.2. 말씀대로 살기

❖ 10.3.2.1. 예레미야 31장 31-34절에서 하나님이 약속하신 것이 오늘 우리 그리스도인들에게 어떻게 이루어졌는지, 이 본문이 오늘 그리스도인들에게 무슨 의미가 있는지 함께 이야기 나누어 봅시다.

10.3.2.2. 조모임에서 이야기 나눈 것을 조모임 기록자가 → '10.3.2.2. 서식' 에 적어 두었다가 전체 앞에서 간단히 보고하고 함께 정리합니다.

### 10.3.3. 다짐하기

❁ 10.3.3.1. 다함께 찬송 "이 말씀 따라 사는 동안"(류형선 글 · 가락, → '1.3.1. 악보' )을 부릅니다.

❁ 10.3.3.2. 오늘 공부한 내용을 생각하면서 각자의 다짐을 한 문장의 짧은 기도문으로 → '10.3.3.2. 서식' 에 적어 넣습니다. 그런 다음에 오늘 조모임을 이끈 사람이 그 공동 기도문을 하나로 묶어 다 읽고 "예수님 이름으로 기도합니다. 아멘."이라고 하면, 다른 조의 사람들은 함께 기도찬송, "우리들의 소원을 들어주옵소서. 아멘."(채일손 글 · 가락, → '1.3.2. 악보' )을 부름으로써 응답합니다.

## 10.4. 개인별 과제

아래 과제에 대한 답을 A4 한 쪽 분량으로 인터넷 클럽 ……자료실의 '개인별 과제' 게시판에 ……까지 올립니다.

(1) 예레미야 31장 31-34절 공부에서 깨달은 가르침을 한 주간 동안 묵상하고 실천하는 과정에서 느끼게 된 문제점이나 경험을 짤막하게 적어 봅시다.

(2) 예레미야 31장 35절-48장 29절을 읽고 그 줄거리를 간추려 적어 봅시다.

(3) 예레미야 48장 30-39절을 여러 번 읽고 거기서 새롭게 느낀 점이나 발견한 점을 짧게 적어 봅시다.

(4) 예레미야 48장 30-39절은 하나님이 모압에게 직접 말씀하시는 32절을, 모압을 두고 하시는 말씀인 30-31절과 33-39절이 둘러싸고 있습니다. 다른 한편으로는 재난을 겪는 모압의 상황을 묘사하는 말씀, 하나님의 괴로움을 드러내는 말씀, 모압에 하나님이 재난을 내리신다는 말씀이 번갈아 나타납니다. 아래 도표의 빈칸에 해당되는 내용을 간추린 제목을 보기에서 찾아 적어 넣으면서 예레미야 48장 30-39절의 흐름과 짜임새를 알아봅시다.

보기: 기쁨 빼앗김, 너 위해 울리라, 모압 깨뜨림, 모압 위해 울리라, 부르짖음, 실패, 우는 소리, 장례 모습, 재물 없어짐, 제사 분향자 끊어버림, 탈취 당함, 파괴와 조롱과 공포, 포도주 끊어지게, 피리 같이 소리 냄

| | 재난 겪는 모압 | 괴로워하시는 하나님 | 재난 내리시는 하나님 |
|---|---|---|---|
| 30-31:<br>모압에 관한 말씀 | 30: | | |
| | | 31: | |
| 32:<br>모압에게 하신 말씀 | 32전: | | |
| | | 32후: | |
| 33-39:<br>모압에 관한 말씀 | 33전: | | |
| | | | 33후: |
| | 34: | | |
| | | | 35: |
| | | 36전: | |
| | 36후: | | |
| | 37: | | |
| | 38전: | | |
| | | | 38: |
| | 39: | | |

(5) 예레미야 48장 30-39절에 자주 나오거나 중요하게 쓰인 낱말이나 표현을 찾아 봅시다.

◆ 참고

1. 모압

모압은 요단 동쪽 아르논 남쪽의 기름진 고원 지대에 살던 민족의 이름이자 나라의 이름입니다. 창세기 19장 36-37절에 따르면, 모압은 아브라함의 조카 롯이 소돔이 망할 뒤에 그의 큰 딸이 롯으로 말미암아 낳은 아들입니다. 따라서 모압은 이스라엘과 친척이 됩니다. 모압과 이스라엘은 때때로 사이가 좋기도 했지만, 둘 사이에 긴장이 있기도 했습니다. 다윗이 모압 사람들을 굴복시켰으나, 주전 9세기 중엽에는 모압이 이스라엘에게서 벗어나 세력을 넓힙니다.

2. 길헤레스 등

31과 36절의 길헤레스, 32절의 십마, 야셀, 34절의 헤스본, 엘르알레, 야하스, 소알, 호로나임, 에글랏 셀리시야는 모압의 중요한 성읍이나 지역 이름이고, 34절의 니므림은 모압의 강 이름입니다.

(6) 예레미야 48장 30-39절의 흐름과 짜임새, 또 중요한 낱말이나 표현과 형식을 특징을 살펴보면서 예레미야 48장 30-39절이 무엇을 말하려는지 생각해 보고, 그 가르침을 몇 가지 찾아봅시다.

# 11. 예레미야 48장 30-39절 공부

## 11.1. 말씀을 향하여

### 11.1.1. 마음 열기

☸ 11.1.1.1. 찬송가, “주님의 귀한 말씀은”(1983년 판 찬송가 238장, → ‘3.1.1. 악보’)을 다함께 부릅니다.

☊ 11.1.1.2. 묵상기도
아직 하나님을 모르는 가족이나 단체나 민족에게 큰 재난이 닥쳤을 때 우리 마음이 어떠했는지 돌이켜 보면서 조용히 1분 정도 기도합니다.

### 11.1.2. 돌아보기

⇔ 11.1.2.2. 지난주 공부에서 깨달은 바를 통해 나와 우리의 삶이 어떻게 얼마나 달라졌는지 잠시 옆 사람과 이야기 나누어 봅시다.

### 11.1.3. 생각하기

⇔11.1.3.1. 지난주 '10.4. 개인별 과제' 를 하다가 가장 새롭게 깨달은 점을 두고 옆 사람과 잠시 이야기를 나누어 봅시다.

☸ 11.1.3.2. 앞 11.1.3.1.에서 나눈 이야기를 한두 사람이 전체 앞에서 짧게 말해 보고합니다.

## 11.2. 말씀 속으로

### 11.2.1. 말씀 읽기

🕮 네 사람이 앞에 나와서 오늘 함께 공부할 예레미야 48장 30-39절을 → '11.2.1. 나누어 읽을 본문' 에 적힌 대로 ㈎ 예언자의 말, ㈏ 재난을 겪는 모압의 상황을 묘사하는 말씀, ㈐ 하나님의 괴로움을 드러내는 말씀, ㈑ 모압에 하나님이 재난을 내리신다는 말씀의 네 부분으로 나누어 큰 소리로 천천히 읽고 다른 사람들은 잘 듣습니다.

본문을 나누어 읽기 직전에 기도찬송, "주님 우리의 마음을 여시어 말씀을 깨닫게 하옵소서 아멘"(찬송가 637장)을 다함께 부릅니다.

### 11.2.2. 말씀 듣기

❖ 지난주 '10.4. 개인별 과제' 에서 (4)(5)(6)을 함께 풀어 봅니다.

11.2.2.1. 아래 도표의 빈칸에 들어갈 말을 보기에서 찾아 적어 넣으면서 예레미야 48장 30-39절의 흐름과 짜임새를 알아봅시다(→ 11.2.2.1. 풀이).

보기: 기쁨 빼앗김, 너 위해 울리라, 모압 깨뜨림, 모압 위해 울리라, 부르짖음, 실패, 우는 소리, 장례 모습, 재물 없어짐, 제사 분향자 끊어버림, 탈취 당함, 파괴와 조롱과 공포, 포도주 끊어지게, 피리 같이 소리 냄

<table>
<tr><th></th><th>재난 겪는 모압</th><th>괴로워하시는 하나님</th><th>재난 내리시는 하나님</th></tr>
<tr><td rowspan="2">30-31:<br>모압에 관한 말씀</td><td>30:</td><td></td><td></td></tr>
<tr><td></td><td>31:</td><td></td></tr>
<tr><td rowspan="2">32:<br>모압에게 하신 말씀</td><td>32전:</td><td></td><td></td></tr>
<tr><td></td><td>32후:</td><td></td></tr>
<tr><td rowspan="10">33-39:<br>모압에 관한 말씀</td><td>33전:</td><td></td><td></td></tr>
<tr><td></td><td></td><td>33후:</td></tr>
<tr><td>34:</td><td></td><td></td></tr>
<tr><td></td><td></td><td>35:</td></tr>
<tr><td></td><td>36전:</td><td></td></tr>
<tr><td>36후:</td><td></td><td></td></tr>
<tr><td>37:</td><td></td><td></td></tr>
<tr><td>38전:</td><td></td><td></td></tr>
<tr><td></td><td></td><td>38:</td></tr>
<tr><td>39:</td><td></td><td></td></tr>
</table>

11.2.2.2. 예레미야 48장 30-39절에 자주 나오거나 중요하게 쓰인 낱말이나 표현을 찾아봅시다(→ 11.2.2.2. 풀이)

11.2.2.3. 예레미야 48장 30-39절의 흐름과 짜임새, 또 중요한 낱말이나 표현과 형식을 특징을 살펴보면서 예레미야 48장 30-39절이 무엇을 말하려는지 생각해 봅시다(→ 11.2.2.3. 풀이).

### 11.2.3. 말씀 깨닫기

❖ 다음 두 가지 물음도 참고하면서 예레미야 48장 30-39절의 가르침을 몇 가지 함께 찾아봅시다(→ 11.2.3.2. 풀이).

11.2.3.1. 하나님이 모압을 위해 우신다고 한 까닭이 무엇인지 잘 살펴봅시다(→ 11.2.3.1. 풀이).

11.2.3.2. 그밖에도 본문에서 새롭게 깨달은 것이 있으면 이야기 나누어 봅시다.

🔔 11.2.3.2. 조모임에서 이야기 나눈 것을 조모임 기록자가 → '11.2.3.2. 서식' 에 적어 두었다가 전체 앞에서 짧게 보고하고 함께 정리합니다.

## 11.3. 말씀과 함께

❁ 찬송가, "인류는 하나 되게"(2006년 판 찬송가 475장, 가사는 아래에 있음)를 함께 부릅니다.

1. 인류는 하나 되게 지음 받은 한 가족
우리는 그 속에서 협조하며 일하는
형제와 자매로다 형제와 자매로다
2. 죄악은 뿌리 깊게 우리 맘에 도사려
편당심 일으키며 차별 의식 넣어서
대화를 막으련다 대화를 막으련다
3. 주님은 십자가로 화해하는 본보여
불신의 이 땅 위에 믿음 사랑 되찾는
새 세계 명하신다 새 세계 명하신다
4. 영광도 부끄럼도 함께 받는 우리니
믿음과 소망으로 튼튼하게 뭉쳐서
이 어둠 뚫고 가자 이 어둠 뚫고 가자.

### 11.3.1. 말씀 전하기

❖ 11.3.1.1. 다음 두 가지 가운데 하나를 골라 조모임을 합니다.

(1) 예레미야 48장 30-39절의 가르침을 따라, 아직 하나님을 모르는 가운데 이런저런 잘못을 저질러 어려움을 겪고 있는 사람이나 가정이나 단체나 민족에게 무슨 말을 어떻게 할 수 있을까요?

(2) 이들에게 보내는 위로의 메시지를 본문의 내용에서 찾아 이를 신문에 싣는 광고 기사의 형태로 함께 만들어 봅시다. 이를테면, 한국 교회가 대지진을 당한 일본을 향하여 하나님의 아픈 사랑의 마음을 전하는 내용을 "일본 열도를 향한 하나님의 울음"이

라는 제목으로 써 볼만 합니다.

☸ 11.3.1.2.

(1) 앞 11.3.1.1. (1) 에서 이야기 나눈 것을 한두 사람이 전체 앞에서 발표합니다.

(2) 앞 11.3.1.1. (2) 에서 함께 만든 광고 기사를 전체 앞에서 읽습니다.

### 11.3.2. 말씀대로 살기

❖ 11.3.2.1. 아직 하나님을 모르는 사람들이 온 누리의 주이신 하나님의 뜻을 거슬러 살다가 어려움을 겪을 때 그들에게 어떤 태도를 지녀야 하는지 함께 이야기해 봅시다.

🔔 11.3.2.2. 조모임에서 이야기 나눈 것을 조모임 기록자가 → '11.3.2.3. 서식' 에 적어 두었다가 전체 앞에서 간단히 보고하고 함께 정리합니다.

**◆ 읽어 볼 만한 글**

**담장을 옮기는 자들의 공동체**

1차 세계 대전 직후의 황폐 속에서 퀘이커교도들은 폴란드의 피폐하고 가난해진 사람들에게 식량과 의복을 제공하는 구제 사업을 펼쳤다. 여러 마을에서 봉사하던 구제사업 요원 중의 한 사람이 갑자기 티프스에 감염되어 20시간도 못 끈 채 사망하고 말았다. 폴란드에는 가톨릭 묘지밖에 없었고, 거룩한 종교생활 바탕 위에서 가톨릭 신앙을 지켜 온 사람만이 교회법에 의해 여기 매장이 허용되어 있었다. 그래서 그들은 자기네를 돕다가 숨진 이 구제사업 선교사의 시신을 그 묘지 울타리 담장 밖에다 묻을 수밖에 없었다. 그런데 다음날 아침, 그 시체를 묻은 자리가 묘지 울타리 안으로 옮겨져 있었다. 그것은 시신 묻은 장소를 옮긴 것이 아니라, 밤사이에 마을 사람들이 그 묘지의 담장을 밖으로 옮겨 놓았던 것이다. 이 폴란드의 담장을 옮긴 공동체의 이야기는 우리 시대를 향해 매우 감동적이고 힘 있는 비유로 등장한다. 신앙과 선의와 우정의 참 실재를 부정하는 빛바랜 교리들에 도전하면서, 이 가톨릭 평신도들은, 누구를 내포시키고 누구를 배제할 것인가 하는 따위의 기성 경계선을 다시 고쳐 그렸던 것이다. 이 이야기는 오늘날 우리가 전 지구적으로 추구해야 할 그리스도교의 목회적 사명이 직면하는 도전을 웅변적으로 묘사하고 있다 할 것이다. 그것은 하나님을 위한 인간의 영적 문제와 세계를 위한 "정의, 평화, 창조질서의 보존(JPIC)" 문제 속에서 인간 공동체를 나누고 소외시키는 높은 장벽을 옮기고 허무는 중요한 과제라고 하겠다.

- 정웅섭, "다원화 사회에서의 종교교육과 교육목회", 『현대교육목회의 전개』(서울: 한국신학연구소), 26-27쪽에서

### 11.3.3. 다짐하기

☸ 11.3.3.1. 다함께 찬송 "이 말씀 따라 사는 동안"(류형선 글 · 가락, → '1.3.1. 악보')을 부릅니다.

☸ 11.3.3.2. 오늘 공부한 내용을 생각하면서 각자의 다짐을 한 문장의 짧은 기도문으로 → '11.3.3.2. 서식' 에 적어 넣습니다. 그런 다음에 오늘 조모임을 이끈 사람이 그 공동 기도문을 하나로 묶어 다 읽고 "예수님 이름으로 기도합니다. 아멘."이라고 하면,

다른 조의 사람들은 함께 기도찬송, "우리들의 소원을 들어주옵소서. 아멘."(채일손 글 · 가락, → '1.3.2. 악보')을 부름으로써 응답합니다.

## 11.4. 개인별 과제

아래 과제에 대한 답을 A4 한 쪽 분량으로 인터넷클럽 ……자료실의 '개인별 과제' 게시판에 ……까지 올립니다.

(1) 예레미야 48장 30-39절 공부에서 깨달은 가르침을 한 주간 동안 묵상하고 실천하는 과정에서 느끼게 된 문제점이나 경험을 짤막하게 적어 봅시다.

(2) 예레미야 48장 40절-52장 34절의 줄거리를 간추려 적어 봅시다.

(3) 아래 도표의 빈 칸을 채우면서, 지금까지 함께 공부한 호세아 요엘 아모스의 열 본문을 통틀어 새롭게 깨닫고 배운 것이 무엇인지를 정리해 봅시다.

| 과 | 본문 | 주제 | 가르침 |
|---|---|---|---|
| 2 | 예레미야 1장 4-19절 | | |
| 3 | 예레미야 2장 4-13절 | | |
| 4 | 예레미야 7장 1-11절 | | |
| 5 | 예레미야 8장 18절<br>-9장 1절 | | |
| 6 | 예레미야 18장 1-12절 | | |
| 7 | 예레미야 20장 7-13절 | | |
| 8 | 예레미야 23장 25-32절 | | |
| 9 | 예레미야 31장 15-20절 | | |
| 10 | 예레미야 3장 31-34절 | | |
| 11 | 예레미야 48장 30-39절 | | |

(4) 이번 학기 수업에서 익힌 성경공부하는 방법의 좋은 점과 아쉬운 점은 무엇입니까?

# 12. 전체 정리와 평가

## 12.1. 마음 열기

☸ 12.1.1. 찬송가, "주님의 귀한 말씀은"(1983년 판 찬송가 238장)을 함께 부릅니다.

✐ 12.1.2. 묵상기도

하나님이 이번에 함께 한 성경공부를 통해 우리 각자와 전체에게 어떤 은혜를 베푸셨는지 돌이켜 보면서 1분 정도 조용히 기도합니다.

## 12.2. 돌아보기

⇔12.2.1. 지난주 공부에서 깨달은 바를 통해 나와 우리의 삶이 어떻게 얼마나 달라졌는지 잠시 옆 사람과 이야기 나누어 봅시다.

❖ 지난주 → '11.4. 개인별 과제' 에서 (3)(4)를 함께 풀어 봅시다.

12.2.2. 아래 도표의 빈 칸을 채우면서, 지금까지 함께 공부한 예언서 예레미야의 10군데 본문을 통틀어 새롭게 깨닫고 배운 것이 무엇인지를 정리해 봅시다(→ 12.2.2. 풀이).

| 과 | 본문 | 주제 | 가르침 |
|---|---|---|---|
| 2 | 예레미야 1장 4-19절 | | |
| 3 | 예레미야 2장 4-13절 | | |
| 4 | 예레미야 7장 1-11절 | | |
| 5 | 예레미야 8장 18절 -9장 1절 | | |
| 6 | 예레미야 18장 1-12절 | | |
| 7 | 예레미야 20장 7-13절 | | |
| 8 | 예레미야 23장 25-32절 | | |
| 9 | 예레미야 31장 15-20절 | | |
| 10 | 예레미야 3장 31-34절 | | |
| 11 | 예레미야 48장 30-39절 | | |

12.2.3. 이번 학기 수업에서 익힌 성경공부하는 방법의 좋은 점과 아쉬운 점은 무엇입니까?

🔔 12.2.4. 조모임에서 앞 12.2.2.와 12.2.3.을 두고 나눈 이야기를 조모임 기록자가 각각 → '12.2.4.1. 서식' 과 → '12.2.4.2. 서식' 에 적어 두었다가 전체 앞에서 짤막하게 보고하고 함께 정리합니다.

## 12.3. 마무리

☸ 12.3.1. 인도자가 이번에 함께 공부한 예언서 예레미야의 10군데 본문 가운데서 중심 되는 구절들을 찾아 하나씩 읽을 때마다 다함께 찬송 "이 말씀 따라 사는 동안" (류형선 글 · 가락, → '1.3.1. 악보' )을 부릅니다.

☸ 12.3.2. 이번 학기에 함께 공부한 것을 통틀어 생각하면서 각자의 다짐을 한 문장의 짧은 기도문으로 → '12.3.2. 서식' 에 적어 넣습니다. 그런 다음에 오늘 조모임을 이끈 사람이 그 공동 기도문을 하나로 묶어 다 읽고 "예수님 이름으로 기도합니다. 아멘."이라고 하면, 다른 조의 사람들은 함께 기도찬송, "우리들의 소원을 들어주옵소서. 아멘."(채일손 글 · 가락, → '1.3.2. 악보' )을 부름으로써 응답합니다.

# 주의 말씀 듣고자

## (1967년 판 개편찬송가 334장)

### 1.3.1. 악보

## 이 말씀 따라 사는 동안

(류형선 글·가락)

### 1.3.2. 악보

## 우리들의 소원을 들어주옵소서

(채일손 글·가락)

# 주님의 귀한 말씀은

(1983년 판 찬송가 238장)

### 5.1.1.1. 악보

## 사랑의 하늘 아버지

(1983년 판 찬송가 239장)

# 주님의 나라를 위한 기도

(채일손 글·가락)

## 2.2.1. 나누어 읽을 본문

# 예레미야 1장 4-19절



(가) 4 여호와의 말씀이 내게 임하니라 이르시되

**(나) 5 내가 너를 모태에 짓기 전에 너를 알았고**
**네가 배에서 나오기 전에 너를 성별하였고**
**너를 여러 나라의 선지자로 세웠노라**

(가) 하시기로 6 내가 이르되
슬프도소이다 주 여호와여 보소서
나는 아이라 말할 줄을 알지 못하나이다
하니 7 여호와께서 내게 이르시되

**(나) 너는 아이라 말하지 말고 내가 너를 누구에게 보내든지 너는 가며**
**내가 네게 무엇을 명령하든지 너는 말할지니라**
**8 너는 그들 때문에 두려워하지 말라**
**내가 너와 함께 하여 너를 구원하리라 나 여호와의 말이니라**

(가) 하시고
9 여호와께서 그의 손을 내밀어 내 입에 대시며
여호와께서 내게 이르시되

**(나) 보라 내가 내 말을 네 입에 두었노라**
**10 보라 내가 오늘 너를 여러 나라와 여러 왕국 위에 세워**
**네가 그것들을 뽑고 파괴하며 파멸하고 넘어뜨리며**

**건설하고 심게 하였느니라**

(가) 하시니라 11 여호와의 말씀이 또 내게 임하니라 이르시되

**(나) 예레미야야 네가 무엇을 보느냐**

(가) 하시매 내가 대답하되

내가 살구나무 가지를 보나이다

12 여호와께서 내게 이르시되

**(나) 네가 잘 보았도다 이는 내가 내 말을 지켜[1] 그대로 이루려 함이라**

(가) 하시니라 13 여호와의 말씀이 다시 내게 임하니라 이르시되

**(나) 네가 무엇을 보느냐**

(가) 대답하되

끓는 가마를 보나이다 그 윗면이 북에서부터 기울어졌나이다

하니 14 여호와께서 내게 이르시되

**(나) 재앙이 북방에서 일어나 이 땅의 모든 주민들에게 부어지리라**

**15 내가 북방 왕국들의 모든 족속들을 부를 것인즉**

**그들이 와서 예루살렘 성문 어귀에 각기 자리를 정하고**

**그 사방 모든 성벽과 유다 모든 성읍들을 치리라 여호와의 말이니라**

**16 무리가 나를 버리고 다른 신들에게 분향하며**

**자기 손으로 만든 것들에 절하였은즉**

**내가 나의 심판을 그들에게 선고하여 그들의 모든 죄악을 징계하리라**

**17 그러므로 너는 네 허리를 동이고 일어나**

**내가 네게 명령한 바를 다 그들에게 말하라**

**그들 때문에 두려워하지 말라**

**네가 그들 앞에서 두려움을 당하지 않게 하리라**

---

1) 히, 살구나무하는 말과 지킨다는 말의 음이 비슷함.

18 보라 내가 오늘 너를 그 온 땅과 유다 왕들과 그 지도자들과
그 제사장들과 그 땅 백성 앞에 견고한 성읍, 쇠기둥, 놋성벽이
되게 하였은즉
19 그들이 너를 치나 너를 이기지 못하리니
이는 내가 너와 함께 하여 너를 구원할 것임이니라
여호와의 말이니라

### 3.2.1. 나누어 읽을 본문

## 예레미야 2장 4-13절

(가) 4 야곱의 집과 이스라엘의 집 모든 족속들아 여호와의 말씀을 들으라

(나) **5 나 여호와가 이와 같이 말하노라**
**너희 조상들이 내게서 무슨 불의함을 보았기에 나를 멀리하고**
**가서 헛된 것을 따라 헛되이 행하였느냐**
**6 그들이**

(다) 우리를 애굽 땅에서 인도하여 내시고
광야 곧 사막과 구덩이 땅, 건조하고[2] 사망의 그늘진 땅,
사람이 그 곳으로 다니지 아니하고
그 곳에 사람이 거주하지 아니하는 땅을 우
리가 통과하게 하시던 여호와께서 어디 계시냐

(나) **하고 말하지 아니하였도다**
**7 내가 너희를 기름진 땅에 인도하여**
**그것의 열매와 그것의 아름다운 것을 먹게 하였거늘**
**너희가 이리로 들어와서는 내 땅을 더럽히고**
**내 기업을 역겨운 것으로 만들었으며**
**8 제사장들은**

---

2) 깊은 흑암의 땅.

3) 히, 목자.

(라) 여호와께서 어디 계시냐

(나) 말하지 아니하였으며
율법을 다루는 자들은 나를 알지 못하며
[3] 관리들도 나에게 반역하며
선지자들은 바알의 이름으로 예언하고 무익한 것들을 따랐느니라
9 그러므로 내가 다시 싸우고 너희 자손들과도 싸우리라

(가) 여호와의 말씀이니라

(나) 10 너희는 깃딤 섬들에 건너가 보며 게달에도 사람을 보내어
이같은 일이 있었는지를 자세히 살펴보라
11 어느 나라가 그들의 신들을 신 아닌 것과 바꾼 일이 있느냐
그러나 나의 백성은 그의 영광을 무익한 것과 바꾸었도다
12 너 하늘아 이 일로 말미암아 놀랄지어다 심히 떨지어다
두려워할지어다

(가) 여호와의 말씀이니라

(나) 13 내 백성이 두 가지 악을 행하였나니
곧 그들이 생수의 근원되는 나를 버린 것과
스스로 웅덩이를 판 것인데
그것은 그 물을 가두지 못할 터진 웅덩이들이니라

## 4.2.1. 나누어 읽을 본문

# 예레미야 7장 1-11절

1 여호와께로부터 예레미야에게 말씀이 임하니라 이르시되
**2 너는 여호와의 집 문 앞에 서서 이 말을 선포하여 이르기를**
**여호와께 예배하러 이 문으로 들어가는 유다 사람들아**
여호와의 말씀을 들으라
**3 만군의 여호와 이스라엘의 하나님께서 이와 같이 말씀하시되**
너희 길과 행위를 바르게 하라
그리하면 내가 너희로 이곳에 살게 하리라
**4 너희는 이것이 여호와의 성전이라, 여호와의 성전이라, 여호와의 성전이라**
**하는 거짓말을 믿지 말라**
5 너희가 만일 길과 행위를 참으로 바르게 하여
이웃들 사이에 정의를 행하며
**6 이방인과 고아와 과부를 압제하지 아니하며**
무죄한 자의 피를 이곳에서 흘리지 아니하며
**다른 신들 뒤를 따라 화를 자초하지 아니하면**
7 내가 너희를 이곳에 살게 하리니
곧 너희 조상에게 영원무궁토록 준 땅에니라
**8 보라 너희가 무익한 거짓말을 의존하는도다**
9 너희가 도둑질하며 살인하며 간음하며 거짓 맹세하며

**바알에게 분향하며 너희가 알지 못하는 다른 신들을 따르면서**

10 내 이름으로 일컬음을 받는 이 집에 들어와서 내 앞에 서서 말하기를

우리가 구원을 얻었나이다 하느냐

**이는 이 모든 가증한 일을 행하려 함이로다**

11 내 이름으로 일컬음을 받는 이 집이 너희 눈에는 도둑의 소굴로 보이느냐

**보라 나 곧 내가 그것을 보았노라 여호와의 말씀이니라**

### 5.2.1. 나누어 읽을 본문

## 예레미야 8장 18절-9장 1절

(가) 8:18 슬프다 나의 근심이여 어떻게 위로를 받을 수 있을까

내 마음이 병들었도다

19 딸 내 백성의 심히 먼 땅에서 부르짖는 소리로다

(나) 여호와께서 시온에 계시지 아니한가,

그의 왕이 그 가운데 계시지 아니한가

(다) **그들이 어찌하여 그 조각한 신상과 이방의 헛된 것들로**

**나를 격노하게 하였는고** 하시니

(나) 20 추수할 때가 지나고 여름이 다하였으나

우리는 구원을 얻지 못한다 하는도다

(가) 21 딸 내 백성이 상하였으므로 나도 상하여 슬퍼하며 놀라움에 잡혔

도다

22 길르앗에는 유향이 있지 아니한가 그 곳에는 의사가 있지 아니한가

딸 내 백성이 치료를 받지 못함은 어찌 됨인고

9:1 어찌하면 내 머리를 물이 되고 내 눈은 눈물 근원이 될꼬

죽임을 당한 딸 내 백성을 위하여 주야로 울리로다

# 예레미야 18장 1-12절

(가) [1] 여호와께로부터 예레미야에게 임한 말씀에 이르시되
(나) **[2] 너는 일어나 토기장이의 집으로 내려가라**
**내가 거기에서 내 말을 네게 들려주리라**
(가) 하시기로 [3] 내가 토기장이의 집으로 내려가서 본즉
그가 녹로로 일을 하는데 [4] 진흙으로 만든 그릇이 토기장이의 손에서 터지매
그가 그것으로 자기 의견에 좋은 대로 다른 그릇을 만들더라
[5] 그 때에 여호와의 말씀이 내게 임하니라 이르시되
(나) **[6] 여호와의 말씀이니라**
**이스라엘 족속아 이 토기장이가 하는 것 같이**
**내가 능히 너희에게 행하지 못하겠느냐**
**이스라엘 족속아 진흙이 토기장이의 손에 있음 같이**
**너희가 내 손에 있느니라**
**[7] 내가 어느 민족이나 국가를 뽑거나 부수거나 멸하려 할 때에**
**[8] 만일 내가 말한 그 민족이 그의 악에서 돌이키면**
**내가 그에게 내리기로 생각하였던 재앙에 대하여 뜻을 돌이키겠고**
**[9] 내가 어느 민족이나 국가를 건설하거나 심으려 할 때에**
**[10] 만일 그들이 나 보기에 악한 것을 행하여**
**내 목소리를 청종하지 아니하면**

**내가 그에게 유익하게 하리라고 한 복에 대하여 뜻을 돌이키리라**

**[11] 그러므로 이제 너는 유다 사람들과 예루살렘 주민들에게 말하여 이르기를 여호와의 말씀에**

**보라 내가 너희에게 재앙을 내리며 계책을 세워 너희를 치려 하노니**

**너희는 각기 악한 길에서 돌이키며 너희의 길과 행위를 아름답게**

**하라 하셨다 하라**

(가) [12] 그러나 그들이 말하기를

(다) 이는 헛되니 우리는 우리의 계획대로 행하며

우리는 각기 악한 마음이 완악한 대로 행하리라

(가) 하느니라

# 예레미야 20장 7-13절

(가) 7 여호와여 주께서 나를 권유하시므로
내가 그 권유를 받았사오며
주께서 나보다 강하사 이기셨으므로
(나) 내가 조롱거리가 되니
사람마다 종일토록 나를 조롱하나이다
8 내가 말할 때마다 외치며 파멸과 멸망을 선포하므로
여호와의 말씀으로 말미암아
내가 종일토록 치욕과 모욕거리가 됨이니이다
9 내가 다시는 여호와를 선포하지 아니하며
그의 이름으로 말하지 아니하리라 하면
나의 마음이 불붙는 것 같아서 골수에 사무치니
답답하여 견딜 수 없나이다
(다) 10 나는 무리의 비방과 사방이 두려워함을 들었나이다
그들이 이르기를 고소하라 우리도 고소하리라 하오며
내 친한 벗도 다 내가 실족하기를 기다리며
그가 혹시 유혹을 받게 되면
우리가 그를 이기어 우리 원수를 갚자
하나이다

(라) [11] 그러하오나 여호와는 두려운 용사 같으시며 나와 함께 하시므로
나를 박해하는 자들이 넘어지고 이기지 못할 것이오며
그들은 지혜롭게 행하지 못하므로 큰 치욕을 당하오리니
그 치욕은 길이 잊지 못할 것이니이다

(마) [12] 의인을 시험하사 그 폐부와 심장을 보시는 만군의 여호와여
나의 사정을 주께 아뢰었사온즉
주께서 그들에게 보복하심을 나에게 보게 하옵소서

(바) [13] 여호와께 노래하라 너희는 여호와를 찬양하라
가난한 자의 생명을 행악자의 손에서 구원하셨음이니라

## 8.2.1. 나누어 읽을 본문

# 예레미야 23장 25-32절



(가) 25 내 이름으로 거짓을 예언하는 선지자들의 말에
내가 꿈을 꾸었다 꿈을 꾸었다고 말하는 것을 내가 들었노라
26 거짓을 예언하는 선지자들이 언제까지 이 마음을 품겠느냐
그들은 그 마음의 간교한 것을 예언하느니라
27 그들이 서로 꿈 꾼 것을 말하니 그 생각인즉
그들의 조상들이 바알로 말미암아 내 이름을 잊어버린 것 같이
내 백성으로 내 이름을 잊게 하려 함이로다

(나) 28 여호와의 말씀이니라

(가) 꿈을 꾼 선지자는 꿈을 말할 것이요
내 말을 받은 자는 성실함으로 내 말을 말할 것이라
겨가 어찌 알곡과 같겠느냐

(나) 29 여호와의 말씀이니라

(가) 내 말이 불 같지 아니하냐
바위를 쳐서 부스러뜨리는 방망이 같지 아니하냐

(나) 30 여호와의 말씀이니라

(가) 그러므로 보라 서로 내 말을 도둑질하는 선지자들을 내가 치리라

(나) 31 여호와의 말씀이니라

(가) 보라 그들이 혀를 놀려 여호와가 말씀하셨다

하는 선지자들을 내가 치리라

(나) [32] 여호와의 말씀이니라

(가) 보라 거짓 꿈을 예언하여 이르며

거짓과 헛된 자만으로 내 백성을 미혹하게 하는 자를 내가 치리라

내가 그들을 보내지 아니하였으며 명령하지 아니하였나니

그들은 이 백성에게 아무 유익이 없느니라

(나) 여호와의 말씀이니라

# 예레미야 31장 15-20절

(가) 15 여호와께서 이와 같이 말씀하시니라

(나) **라마에서 슬퍼하며 통곡하는 소리가 들리니**
**라헬이 그 자식 때문에 애곡하는 것이라**
**그가 자식이 없어져서 위로 받기를 거절하는도다**

(가) 16 여호와께서 이와 같이 말씀하시니라

(나) **네 울음 소리와 네 눈물을 멈추어라**
**네 일에 삯을 받을 것인즉**
**그들이 그의 대적의 땅에서 돌아오리라**

(가) 여호와의 말씀이니라

(나) 17 **너의 장래에 소망이 있을 것이라**
**너의 자녀가 자기들의 지경으로 돌아오리라**

(가) 여호와의 말씀이니라

(나) 18 **에브라임이 스스로 탄식함을 내가 분명히 들었노니**

(다) 주께서 나를 징벌하시매
멍에에 익숙하지 못한 송아지 같은 내가 징벌을 받았나이다
주는 나의 하나님 여호와이시니
나를 이끌어 돌이키소서
그리하시면 내가 돌아오겠나이다

19 내가 돌이킨 후에 뉘우쳤고

내가 교훈을 받은 후에 내 볼기를 쳤사오니

이는 어렸을 때의 치욕을 지므로 부끄럽고 욕됨이니이다

(나) **하도다**

**20 에브라임은 나의 사랑하는 아들 기뻐하는 자식이 아니냐**

**내가 그를 책망하여 말할 때마다 깊이 생각하노라**

**그러므로 그를 위하여 내 창자가 들끓으니**

**내가 반드시 그를 불쌍히 여기리라**

(가) 여호와의 말씀이니라

## 10.2.1. 나누어 읽을 본문

# 예레미야 31장 31-34절



(가) 31 여호와의 말씀이니라

(나) **보라 날이 이르리니**
**내가 이스라엘 집과 유다 집에 새 언약을 맺으리라**
32 **이 언약은 내가 그들의 조상들의 손을 잡고 애굽 땅에서**
**인도하여 내던 날에 맺은 것과 같지 아니할 것은**
**내가 그들의 남편이 되었어도 그들이 내 언약을 깨뜨렸음이라**

(가) 여호와의 말씀이니라

(나) 33 **그러나 그 날 후에 내가 이스라엘 집과 맺을 언약은 이러하니**
**곧 내가 나의 법을 그들의 속에 두며 그들의 마음에 기록하여**
**나는 그들의 하나님이 되고 그들은 내 백성이 될 것이라**

(가) 여호와의 말씀이니라

(나) 34 **그들이 다시는 각기 이웃과 형제를 가르쳐 이르기를**
**너는 여호와를 알라 하지 아니하리니**
**이는 작은 자로부터 큰 자까지 다 나를 알기 때문이라**
**내가 그들의 악행을 사하고 다시는 그 죄를 기억하지 아니하리라**

(가) 여호와의 말씀이니라

### 11.2.1. 나누어 읽을 본문

## 예레미야 48장 30-39절

㈎ 예언자의 말, ㈏ 모압이 겪는 재난을 묘사하는 하나님의 말씀, ㈐ 하나님의 괴로움을 드러내는 말씀, ㈑ 하나님이 모압에 재난을 내리심을 알려주는 말씀의 네 가지로 나누어 읽습니다.

㈎ 30 여호와의 말씀이니라

㈏ 내가 그의 노여워함의 허탄함을 아노니
그가 자랑하여도 아무것도 성취하지 못하였도다

㈐ **31 그러므로 내가 모압을 위하여 울며**
**온 모압을 위하여 부르짖으리니**
**무리가 길헤레스 사람을 위하여 신음하리로다**

㈏ 32 십마의 포도나무여
너의 가지가 바다를 넘어 야셀 바다까지 뻗었더니
너의 여름 과일과 포도 수확을 탈취하는 자가 나타났으니

㈐ **내가 너를 위하여 울기를 야셀이 우는 것보다 더하리로다**

(나) 33 기쁨과 환희가 옥토와 모압 땅에서 빼앗겼도다

(라) **내가 포도주 틀에 포도주가 끊어지게 하리니**
**외치며 밟는 자가 없을 것이라**
**그 외침은 즐거운 외침이 되지 못하리로다**

(나) 34 헤스본에서 엘르알레를 지나 야하스까지와
소알에서 호로나임을 지나 에글랏 셀리시야에 이르는 지역에 사는
사람들이 소리를 내어 부르짖음은 니므림의 물도 황폐하였음이로다

(가) 35 여호와의 말씀이라

(라) **모압 산당에서 제사하며**
**그 신들에게 분향하는 자를 내가 끊어버리리라**

(다) **36 그러므로 나의 마음이 모압을 위하여 피리 같이 소리 내며**
**나의 마음이 길헤레스 사람들을 위하여 피리 같이 소리 내나니**

(나) 이는 그가 모은 재물이 없어졌음이라
37 모든 사람이 대머리가 되었고 모든 사람이 수염을 밀었으며
손에 칼자국이 있고 허리에 굵은 베가 둘렸고
38 모압의 모든 지붕과 거리 각처에서 슬피 우는 소리가 들리니

(라) **내가 모압을 마음에 들지 않는 그릇 같이 깨뜨렸음이라**

(가) 여호와의 말씀이니라

(나) 39 어찌하여 모압이 파괴되었으며 어찌하여 그들이 애곡하는가
모압이 부끄러워서 등을 돌렸도다
그런즉 모압이 그 사방 모든 사람의 조롱 거리와
공포의 대상이 되리로다

# 과목 소개

## (1) 구약성경공부 과목 개설 과정과 목적

장로회신학대학교 신학대학원 교육과정개발위원회에서는 신학대학원을 졸업한 사람들이 교역 현장에서 성경공부를 잘 이끌 수 있도록 훈련하기 위해 2008학년도부터 학기마다 신약학 분야와 구약학 분야에 각각 한 과목씩 성경학 과목을, 그 성경학 과목을 준비하기 위해 한 학기 앞서 실험수업으로 성경공부 과목을 개설하고, 교재 초안을 가지고 한 학기 앞서 성경공부 수업을 한 결과로 성경학 과목의 교재를 출간하기로 했습니다.

구약학의 경우에는 아래 도표와 같이 여섯 학기 3년을 한 주기로 하여, 구약성경 39권을 다 다루려면 12년이 걸리도록 계획했습니다.

| 구분 | 해당부분 | 주기별 배정 | | | |
|---|---|---|---|---|---|
| | | 제1주기 | 제2주기 | 제3주기 | 제4주기 |
| 구약성경공부 I<br>구약성경학 I | 율법서 | 창세기<br>[공부 2007-2]<br>[학 2008-1] | 출애굽기<br>[공부 2010-2]<br>[학 2011-1] | 레위기<br>민수기 | 신명기 |

| 구약성경공부 II<br>구약성경학 II | 전기 예언서 | 여호수아<br>사사기<br>[공부 2008-1]<br>[학 2008-2] | 사무엘상<br>사무엘하<br>[공부 2011-1]<br>[학 2011-2] | 열왕기상 | 열왕기하 |
|---|---|---|---|---|---|
| **구약성경공부 III**<br>구약성경학 III | **후기 예언서1** | 이사야<br>[공부 2008-2]<br>[학 2009-1] | **예레미야**<br>**[공부 2011-2]**<br>[학 2012-1] | 에스겔 | 다니엘 |
| 구약성경공부 IV<br>구약성경학 IV | 성문서1 | 시편<br>[공부 2009-1]<br>[학 2009-2] | 욥기 | 잠언 | 전도서<br>아가 |
| 구약성경공부 V<br>구약성경학 V | 후기 예언서2 | 호세아<br>요엘<br>아모스<br>[공부 2009-2]<br>[학 2010-1] | 오바댜<br>요나<br>미가 | 나훔<br>하박국<br>스바냐 | 학개<br>스가랴<br>말라기 |
| 구약성경공부 VI<br>구약성경학 VI | 성문서2 | 역대상<br>[공부 2010-1]<br>[학 2010-2] | 역대하 | 에스라<br>느헤미야 | 룻기<br>에스더<br>예레미야애가 |

### (2) 구약성경공부 교재개발단의 구성과 운영

첫 12년 동안에는 구약학전임교수 한 사람과 현장목회자로서 이 일을 위해 특별히 초빙된 객원교수 한 사람 이상을 포함한 세 사람으로 이루어진 구약성경공부 교재개발단이 1년에 걸쳐 한 주기의 한 공부 교재를 개발하는데, 전반기에 마련한 초안으로써 후반기에 실험수업을 하면서 그 초안을 수정보완하기로 했습니다.

한두 사람이 너무 오래 교재 개발에 매달리지 않도록 1년을 주기로 개발위원을 바꾸어 운영합니다. 이를테면 2007년 3월부터 시작한 첫 개발단(제1기 개발단)은 2008년 1학기에 쓸 교재의 초고를 2007년 1학기에 만들어 2학기에 그 초고를 다듬기만 하고, 2008년 2학기에 쓸 교재의 초고는 2007년 2학기에 만들어 2008년 1학기에 그 초고를 다듬습니다. 이런 식으로 학기마다 두 권의 교재를 동시에 개발하는 방식으로 할 수 있습니다. 한 개발단의 임기는 2년입니다.

제1-5기 개발단의 과제와 교재 개발 일정을 표로 그려 보면 다음과 같습니다.

| | 과제 | 초고 작성 | 수정보완 |
|---|---|---|---|
| 제1기 개발단 | 2008-1 성경학(창세기) 교재 개발 | 2007-1 | 2007-2 |
| | 2008-2 성경학(여호수아 · 사사기) 교재 개발 | 2007-2 | 2008-1 |
| 제2기 개발단 | 2009-1 성경학(이사야) 교재 개발 | 2008-1 | 2008-2 |
| | 2009-2 성경학(시편) 교재 개발 | 2008-2 | 2009-1 |
| 제3기 개발단 | 2010-1 성경학(호세아 · 요엘 · 아모스) 교재 개발 | 2009-1 | 2009-2 |
| | 2010-2 성경학(역대상) 교재 개발 | 2009-2 | 2010-1 |
| 제4기 개발단 | 2011-1 성경학(출애굽기) 교재 개발 | 2010-1 | 2010-2 |
| | 2011-2 성경학(사무엘상 · 하) 교재 개발 | 2010-2 | 2011-1 |
| 제5기 개발단 | **2012-1 성경학(예레미야) 교재 개발** | 2011-1 | **2011-2** |

다만 교재 개발의 통일성과 연속성을 고려하여 전기 개발단의 구약학 전임교수와 목회자 가운데서 초빙한 객원교수 한 사람은 바로 그 다음 개발단의 자문위원이 됩니다.

### (3) 성경공부 원칙

이번 성경공부에서는 다음 **일곱 가지의 원칙**을 중시합니다.

첫째는 **본문 우선**의 원칙입니다. 교재는 본문이 스스로 말하게 하는 수단일 뿐, 교재가 본문을 가리지 말아야 합니다. 성경공부에서는 무엇보다도 하나님이 본문을 통해 하시는 말씀에 인도자도 학습자들도 함께 귀를 기울입니다.

둘째는 **학습자 중심**의 원칙입니다. 이 성경공부에서는 인도자가 일방적으로 본문 내용을 해설하기보다는 학습자들이 저마다 스스로 본문과 씨름하면서 본문을 이해하는 데 힘씁니다. 성경공부는 그 전 과정을 통해서 먼저 학습자들이 어떤 문제를 두고 스스로 본문을 살펴보고 서로 이야기를 나눈 뒤에 인도자가 그 이야기를 정리하고 마무리하면서 그 부분에 해당하는 교재를 나누어 주고 그 내용을 간략하게 설명해주는 식으로 진행함을 원칙으로 삼습니다. 공부하는 과정에서 인도자가 제시하는 여러 과제를 해 나가면서 학습자들이 자연스럽게 본문을 여러 번 읽고 생각하게 합니다.

셋째는 **전인성**의 원칙입니다. 이 성경공부에서는 학습자들이 성경 본문을 그저 머리로만 이해하지 않고 그 존재 전체가 달라지는 것을 겨냥합니다.

넷째는 **공동체성**의 원칙입니다. 본문은 신앙 공동체의 증언인 만큼 신앙 공동체에 속한 이 성경공부에서는 모든 학습자들이 함께 힘을 모아 본문을 이해하게 하고 성경공부가 개인뿐만 아니라 신앙 공동체의 발전에도 이바지할 수 있게 하려고 합니다.

다섯째는 **다양성**의 원칙입니다. 이 성경공부에서는 성경 본문의 다양한 유형에 맞추어 다양한 방법을 적용합니다.

여섯째는 **연구방법 습득**의 원칙입니다. 성경공부의 전 과정을 통하여 학습자들이 스스로 성경을 공부할 수 있을 뿐만 아니라 성경공부를 인도할 수 있다는 자신감을 얻게 하고 그 방법을 익힐 수 있게 합니다.

일곱째는 **대중성**의 원칙입니다. 이 성경공부에서는 보통 수준의 신학대학원 학생들이라면 누구나 큰 어려움이 없이 함께 할 수 있는 수준으로 공부하려고 합니다.

### (4) 성경공부 지침

이런 원칙에 맞추어 실제로는 다음 **일곱 가지 지침**을 따라 성경을 공부합니다.

첫째, 이 성경공부는 한글 번역본에 나타난 **최종 본문**에서 출발합니다. 본문이 어떻게 생겨났는가 하는 문제는 본문 이해에 꼭 필요할 경우에만 간략하고도 쉽게 다룹니다.

둘째, 이 성경공부의 기초 본문은 **개역개정판**입니다.

셋째, 이 성경공부에 참여하는 **사람의 수는 30명**으로 제한합니다. 이 30명도 필요에 따라서는 5-6명씩 여러 조(組)로 나눌 수 있습니다.

넷째, 한 성경공부는 **12주**에 걸쳐 합니다. 첫 주에는 전체 공부를 안내하고, 마지막 주에는 전체를 정리하고 평가합니다.

다섯째, 성경공부 **교재의 틀**은 본문의 문학적이거나 신학적인 성격에 따라 조금씩 달라질 수 있습니다.

여섯째, 성경공부에서는 **인도자와 학습자들의 창의성**을 활용할 여지를 남겨 둡니다. 교재의 절대성을 고집하지 않습니다.

일곱째, 본문의 가르침이 지성과 감성과 의지뿐만 아니라 관계성 형성 등을 포함하여 학습자의 삶 전체에 영향을 끼치도록 시대의 흐름에 맞게 **다양한 자료**를 알맞게 활용합니다.

참
고
자
료

### (5) 매주 공부와 교재의 틀

**매주 진행되는 수업과 그 때 쓰는 교재의 틀**은 다음과 같습니다.

매주 수업은 '말씀을 향하여' (30분), '말씀 속으로' (60분), '말씀과 함께' (45분)의 세 부분으로 나누어 진행하고, 교재도 이 틀에 맞추었습니다.

첫 부분인 **'말씀을 향하여'** 는 다시 ① 마음 열기(찬양과 기도), ② 돌아보기(지난 수업에서 다룬 본문의 가르침을 한 주간 동안 묵상하고 실천하는 과정에서 느끼는 문제점이나 경험, 또는 지난 수업에서 다룬 본문과 다음 수업에서 다룰 본문 사이에 들어 있는 본문의 줄거리 중심으로 이야기 나누기), ③ 생각하기(이번 시간에 공부할 본문을 여러 번 읽고 새롭게 느낀 점이나 발견한 점을 A4 1쪽 이내의 분량으로 인터넷 클럽에 올리는 과제나 오늘 본문과 관련하여 서론적인 이야기 나누기)로 나누어 진행합니다.

둘째 부분인 **'말씀 속으로'** 는 다시 ① 말씀 읽기(소리 내어 읽기, 나누어 읽기 등 여러 가지 방식으로), ② 말씀 듣기(본문의 흐름, 줄거리, 중심 낱말이나 개념 이해하기), ③ 말씀 깨닫기(본문의 뜻 이해)로 나누어 진행합니다. 정해진 짧은 시간 안에 본문을 효율적으로 공부하기 위해서 앞서 첫째 부분의 ③ 생각하기와 둘째 부분의 ② 말씀 듣기를 거쳐 ③ 말씀 깨닫기에 이르면서 본문에 들어 있는 여러 가지 귀한 뜻 가운데서 함께 공부할 가르침의 범위를 점점 좁혀 마침내 한두 가지로 초점을 모읍니다.

셋째 부분인 **'말씀과 함께'** 는 다시 ① 말씀 전하기(짧은 설교문, 기도문, 연극, 여러 미디어 자료 만들어 보기), ② 말씀대로 살기(실천 방안 이야기하기), ③ 다짐하기(찬송과 기도)로 나누어 진행합니다.

이처럼 크게는 세 부분, 작게는 아홉 부분으로 이루어진 성경공부와 성경공부교재의 틀의 특징 가운데 다음 두 가지는 다시 한 번 강조하고 싶습니다.

한 가지는 이 성경공부에서는 무엇보다도 공부할 성경 본문을 소리 내어 정성스레 읽고 듣는 것을 중요하게 여긴다는 점입니다(느 8:3, 8; 시 1:2; 렘 36:6, 10, 13, 15, 21; 계 1:3 등 참고).

다른 한 가지는 셋째 부분의 말씀 전하기에서는 다양한 시도를 한다는 점입니다. 함께 공부한 말씀의 내용과 가르침을 노래, 관련 인물 인터뷰, 광고물, 연극, 만화(코믹스), 신문 기사, 라디오 방송 보도자료, 텔레비전 보도자료 등 다양한 방법으로 표현하는 과제를 제시합니다.

시간마다 **다음 주 수업을 위한 과제**로는 ① 이번 수업에서 다룬 본문의 가르침을 한 주간 동안 묵상하고 실천하는 과정에서 느끼는 문제점이나 경험, ② 이번 수업에서 다룬 본문과 다음 수업에서 다룰 본문 사이에 들어 있는 본문의 줄거리, ③ 다음 시간에 공부할 본문을 여러 번 읽고 새롭게 느낀 점이나 발견한 점을 A4 1쪽 이내의 분량으로 ……까지 인터넷 클럽 ……과제자료실에 올리는 과제를 줄 수 있습니다.

예레미야 공부 교재에서는 초고를 이하준과 장신근과 박동현이 함께 만들고 다듬었습니다. 그렇지만 세 사람이 준비한 것은 하나의 보조 자료일 따름입니다. **이 교재는 실제로 성경공부에 참여 하는 사람들이 함께 만들어 가는 교재입니다. 그런 만큼 참여자들 쪽에서 좋은 제안이 많이 나올 수 있기를 기대합니다.**

# 조모임 보고서 1

| 조 이 름 | | 과 | 1과 |
|---|---|---|---|
| 인 도 자 이 름 | | 본문 | 과목 소개,<br>예레미야 통틀어 보기 |
| 기 록 자 이 름 | | 날짜 | |
| 다른 참석자 이름 | | | |

나눈 이야기의 내용

절취선

### 1.2.3.2. 서식

## 조모임 보고서 2

| 조 이 름 | | 과 | 1과 |
|---|---|---|---|
| 인 도 자 이 름 | | 본문 | 과목 소개,<br>예레미야 통틀어 보기 |
| 기 록 자 이 름 | | 날짜 | |
| 다른 참석자 이름 | | | |

나눈 이야기의 내용

절취선

# 첫 날 공부 마무리 기도문

| 조 이 름 | | 날짜 | |
|---|---|---|---|
| 성 경 본 문 | | | |
| 기도한 사람들 이름 | | | |
| 기 도 문 | | | |

절취선

# 조모임 보고서 1

| 조 이 름 | | 과 | 2과 |
|---|---|---|---|
| 인 도 자 이 름 | | 본문 | 예레미야 1장 4-19절 |
| 기 록 자 이 름 | | 날짜 | |
| 다른 참석자 이름 | | | |

나눈 이야기의 내용

절취선

서식

### 2.3.2. 서식

## 조모임 보고서 2

| 조 이 름 | | 과 | 2과 |
|---|---|---|---|
| 인 도 자 이 름 | | 본문 | 예레미야 1장 4-19절 |
| 기 록 자 이 름 | | 날짜 | |
| 다른 참석자 이름 | | | |

나눈 이야기의 내용

절취선

# 둘째 날 공부 마무리 기도문

| 조 이 름 | | 날짜 | |
|---|---|---|---|
| 성 경 본 문 | 예레미야 1장 4-19절 | | |
| 기도한 사람들 이름 | | | |
| 기 도 문 | | | |

절취선

서식

# 조모임 보고서 1

| 조 이 름 | | 과 | 3과 |
|---|---|---|---|
| 인 도 자 이 름 | | 본문 | 예레미야 2장 4-13절 |
| 기 록 자 이 름 | | 날짜 | |
| 다른 참석자 이름 | | | |

나눈 이야기의 내용

### 3.3.1.1. 서식

## 배신당한 안타까움을 배신자와 다른 사람에게 알리는 글쓰기

| 작성자 이름 | | 조 | |
|---|---|---|---|

1. 배신한 사람 본인에게

2. 다른 사람에게

절취선

# 조모임 보고서 2

| 조 이 름 | | 과 | 3과 |
|---|---|---|---|
| 인 도 자 이 름 | | 본문 | 예레미야 2장 4-13절 |
| 기 록 자 이 름 | | 날짜 | |
| 다른 참석자 이름 | | | |

나눈 이야기의 내용

절취선

서식

### 3.3.3.2. 서식

## 셋째 날 공부 마무리 기도문

| 조 이 름 | | 날짜 | |
|---|---|---|---|
| 성 경 본 문 | 예레미야 2장 4-13절 | | |
| 기도한 사람들 이름 | | | |
| 기 도 문 | | | |

절취선

# 조모임 보고서 1

| 조 이 름 | | 과 | 4과 |
|---|---|---|---|
| 인 도 자 이 름 | | 본문 | 예레미야 7장 1-11절 |
| 기 록 자 이 름 | | 날짜 | |
| 다른 참석자 이름 | | | |

나눈 이야기의 내용

절취선

서식

### 4.3.2.2. 서식

## 조모임 보고서 2

| 조 이 름 | | 과 | 4과 |
|---|---|---|---|
| 인 도 자 이 름 | | 본문 | 예레미야 7장 1-11절 |
| 기 록 자 이 름 | | 날짜 | |
| 다른 참석자 이름 | | | |

나눈 이야기의 내용

절취선

# 넷째 날 공부 마무리 기도문

| 조 이 름 | | 날짜 | |
|---|---|---|---|
| 성 경 본 문 | 예레미야 7장 1-11절 | | |
| 기도한 사람들 이름 | | | |
| 기 도 문 | | | |

절취선

서식

# 조모임 보고서 1

| 조 이 름 | | 과 | 5과 |
|---|---|---|---|
| 인 도 자 이 름 | | 본문 | 예레미야<br>8장 18절-9장 1절 |
| 기 록 자 이 름 | | 날짜 | |
| 다른 참석자 이름 | | | |

나눈 이야기의 내용

5.3.1.1. 서식

## 조별 글짓기
## 오늘 한국 교회와 사회를 향한 예레미야의 탄식

( )조

절취선

# 조모임 보고서 2

| 조 이 름 | | 과 | 5과 |
|---|---|---|---|
| 인 도 자 이 름 | | 본문 | 예레미야<br>8장 18절-9장 1절 |
| 기 록 자 이 름 | | 날짜 | |
| 다른 참석자 이름 | | | |

나눈 이야기의 내용

절취선

서식

### 5.3.3.2. 서식

## 다섯째 날 공부 마무리 기도문

| 조 이 름 | | 날짜 | |
|---|---|---|---|
| 성 경 본 문 | 예레미야 8장 18절-9장 1절 | | |
| 기도한 사람들 이름 | | | |
| 기 도 문 | | | |

절취선

# 조모임 보고서 1

| 조 이 름 | | 과 | 6과 |
|---|---|---|---|
| 인 도 자 이 름 | | 본문 | 예레미야 18장 1-12절 |
| 기 록 자 이 름 | | 날짜 | |
| 다른 참석자 이름 | | | |

나눈 이야기의 내용

절취선

서식

### 6.3.2.2. 서식

## 조모임 보고서 2

| 조 이 름 | | 과 | 6과 |
|---|---|---|---|
| 인 도 자 이 름 | | 본문 | 예레미야 18장 1-12절 |
| 기 록 자 이 름 | | 날짜 | |
| 다른 참석자 이름 | | | |

나눈 이야기의 내용

절취선

절취선

# 여섯째 날 공부 마무리 기도문

| 조 이 름 | | 날짜 | |
|---|---|---|---|
| 성 경 본 문 | 예레미야 18장 1-12절 | | |
| 기도한 사람들 이름 | | | |
| 기 도 문 | | | |

7.2.3.2. 서식

# 조모임 보고서 1

| 조 이름 | | 과 | 7과 |
|---|---|---|---|
| 인도자 이름 | | 본문 | 예레미야 20장 7-13절 |
| 기록자 이름 | | 날짜 | |
| 다른 참석자 이름 | | | |

나눈 이야기의 내용

절취선

서식

### 7.3.2.2. 서식

## 조모임 보고서 2

| 조 이름 | | 과 | 7과 |
|---|---|---|---|
| 인도자 이름 | | 본문 | 예레미야 20장 7-13절 |
| 기록자 이름 | | 날짜 | |
| 다른 참석자 이름 | | | |

나눈 이야기의 내용

절취선

# 일곱째 날 공부 마무리 기도문

| 조 이 름 | | 날짜 | |
|---|---|---|---|
| 성 경 본 문 | 예레미야 20장 7-13절 | | |
| 기도한 사람들 이름 | | | |
| 기 도 문 | | | |

절취선

서식

# 조모임 보고서 1

| 조 이 름 | | 과 | 8과 |
|---|---|---|---|
| 인도자 이름 | | 본문 | 예레미야 23장 25-32절 |
| 기록자 이름 | | 날짜 | |
| 다른 참석자 이름 | | | |

나눈 이야기의 내용

절취선

서식

## 8.3.2.2. 서식

# 조모임 보고서 2

| 조 이 름 | | 과 | 8과 |
|---|---|---|---|
| 인 도 자 이 름 | | 본문 | 예레미야 23장 25-32절 |
| 기 록 자 이 름 | | 날짜 | |
| 다른 참석자 이름 | | | |

나눈 이야기의 내용

절취선

# 여덟째 날 공부 마무리 기도문

| 조 이 름 | | 날짜 | |
|---|---|---|---|
| 성 경 본 문 | 예레미야 23장 25-32절 | | |
| 기도한 사람들 이름 | | | |
| 기 도 문 | | | |

절취선

서 식

# 조모임 보고서 1

| 조 이 름 | | 과 | 9과 |
|---|---|---|---|
| 인 도 자 이 름 | | 본문 | 예레미야 31장 15-20절 |
| 기 록 자 이 름 | | 날짜 | |
| 다른 참석자 이름 | | | |

나눈 이야기의 내용

절취선

서식

### 9.3.2.2. 서식

## 조모임 보고서 2

| 조 이 름 | | 과 | 9과 |
|---|---|---|---|
| 인 도 자 이 름 | | 본문 | 예레미야 31장 15-20절 |
| 기 록 자 이 름 | | 날짜 | |
| 다른 참석자 이름 | | | |

나눈 이야기의 내용

절취선

# 아홉째 날 공부 마무리 기도문

<table>
<tr><td>조 이 름</td><td></td><td>날짜</td><td></td></tr>
<tr><td>성 경 본 문</td><td colspan="3">예레미야 31장 15-20절</td></tr>
<tr><td>기도한 사람들 이름</td><td colspan="3"></td></tr>
<tr><td>기 도 문</td><td colspan="3"></td></tr>
</table>

절취선

서식

# 조모임 보고서 1

| 조 이 름 | | 과 | 10과 |
|---|---|---|---|
| 인 도 자 이 름 | | 본문 | 예레미야 31장 31-34절 |
| 기 록 자 이 름 | | 날짜 | |
| 다른 참석자 이름 | | | |

나눈 이야기의 내용

절취선

서식

### 10.3.2.2. 서식

## 조모임 보고서 2

| 조 이 름 | | 과 | 10과 |
|---|---|---|---|
| 인 도 자 이 름 | | 본문 | 예레미야 31장 31-34절 |
| 기 록 자 이 름 | | 날짜 | |
| 다른 참석자 이름 | | | |

나눈 이야기의 내용

절취선

# 열째 날 공부 마무리 기도문

| 조 이 름 | | 날짜 | |
|---|---|---|---|
| 성 경 본 문 | 예레미야 31장 31-34절 | | |
| 기도한 사람들 이름 | | | |
| 기 도 문 | | | |

절취선

서식

절취선

# 조모임 보고서 1

| 조 이 름 | | 과 | 11과 |
|---|---|---|---|
| 인 도 자 이 름 | | 본문 | 예레미야 48장 30-39절 |
| 기 록 자 이 름 | | 날짜 | |
| 다른 참석자 이름 | | | |

나눈 이야기의 내용

### 11.3.2.3. 서식

## 조모임 보고서 2

| 조 이 름 | | 과 | 11과 |
|---|---|---|---|
| 인 도 자 이 름 | | 본문 | 예레미야 48장 30-39절 |
| 기 록 자 이 름 | | 날짜 | |
| 다른 참석자 이름 | | | |

나눈 이야기의 내용

절취선

# 열한째 날 공부 마무리 기도문

| 조 이 름 | | 날짜 | |
|---|---|---|---|
| 성 경 본 문 | 예레미야 48장 30-39절 | | |
| 기도한 사람들 이름 | | | |
| 기 도 문 | | | |

절취선

서식

# 조모임 보고서 1

| 조 이 름 | | 과 | 12과 |
|---|---|---|---|
| 인 도 자 이 름 | | 본문 | 전체 정리와 평가 |
| 기 록 자 이 름 | | 날짜 | |
| 다른 참석자 이름 | | | |

나눈 이야기의 내용

절취선

서 식

### 12.2.4.2. 서식

## 조모임 보고서 2

| 조 이 름 | | 과 | 12과 |
|---|---|---|---|
| 인 도 자 이 름 | | 본문 | 전체 정리와 평가 |
| 기 록 자 이 름 | | 날짜 | |
| 다른 참석자 이름 | | | |

나눈 이야기의 내용

절취선

# 열두째 날 공부 마무리 기도문

| 조 이 름 | | 날짜 | |
|---|---|---|---|
| 성 경 본 문 | 전체 정리와 평가 | | |
| 기도한 사람들 이름 | | | |
| 기 도 문 | | | |

절취선

서식